Análise Input-Output

Análise Input-Output
TEORIA E APLICAÇÕES

2018

João Ferreira do Amaral
João Carlos Lopes

ANÁLISE INPUT-OUTPUT
AUTORES
João Ferreira do Amaral
João Carlos Lopes
EDITOR
EDIÇÕES ALMEDINA, S.A.
Rua Fernandes Tomás, nºs 76-80
3000-167 Coimbra
Tel.: 239 851 904 · Fax: 239 851 901
www.almedina.net · editora@almedina.net
DESIGN DE CAPA
FBA.
PRÉ-IMPRESSÃO
EDIÇÕES ALMEDINA, SA
IMPRESSÃO E ACABAMENTO
Vasp - DPS
Abril, 2018
DEPÓSITO LEGAL
439584/18

Os dados e as opiniões inseridos na presente publicação são da exclusivas responsabilidade do(s) seu(s) autor(es).
Toda a reprodução desta obra, por fotocópia ou outro qualquer processo, sem prévia autorização escrita do Editor, é ilícita e passível de procedimento judicial contra o infrator.

 GRUPOALMEDINA

BIBLIOTECA NACIONAL DE PORTUGAL – CATALOGAÇÃO NA PUBLICAÇÃO
AMARAL, João Ferreira do, 1948- , e outro
Análise input-output : teoria e aplicações / João Ferreira do Amaral, João Carlos Lopes. – (Contabilidade)
ISBN 978-972-40-7455-9

I – LOPES, João Carlos

CDU   330

ÍNDICE

NOTAÇÃO E SIMBOLOGIA	9

1. INTRODUÇÃO	13

2. O MODELO INPUT-OUTPUT BÁSICO	19

3. O MODELO IO EM ECONOMIA ABERTA	37

4. O MODELO IO, FATORES PRIMÁRIOS E ESTADO — 49
- 4.1 Fator trabalho — 49
  - 4.1.1 Remunerações do trabalho — 50
  - 4.1.2 Emprego e qualificações — 53
- 4.2 Fator capital — 55
- 4.3 O Estado — 56
  - 4.3.1 O Consumo Público — 57
  - 4.3.2 Os impostos indiretos líquidos de subsídios — 57
- 4.4 O Modelo IO completo — 59
  - 4.4.1 Matriz de Transações Totais — 59
  - 4.4.2 A Matriz de Produção Nacional — 63

5. O MODELO IO E A ECONOMIA REGIONAL — 71
- 5.1 Introdução — 71
- 5.2 O modelo IO de uma única região — 73
- 5.3 O modelo IO inter-regional — 75
- 5.4 O modelo IO multi-regional — 79

6. A ANÁLISE INPUT-OUTPUT E A CONTABILIDADE NACIONAL — 81
- 6.1 Introdução — 81
- 6.2 Os Quadros de Recursos e Utilizações — 83

ANÁLISE INPUT-OUTPUT

6.3 Passagem dos QRUs aos QIOs	89
6.3.1 Classificação das atividades económicas	89
6.3.2 Classificação dos produtos	90
6.3.3 Empresas e estabelecimentos	90
6.3.4 Hipóteses e procedimentos para a construção de quadros IO	91
6.4 A construção de matrizes IO em Portugal	93
6.4.1 Quadros IO nacionais	93
6.4.2 Matrizes IO regionais	96
7. O MODELO IO E OS PREÇOS	**101**
8. O MODELO IO E O CRESCIMENTO ECONÓMICO	**117**
8.1 Capacidade produtiva	118
8.2 Sectores motores do crescimento	124
9. ANÁLISE IO, ENERGIA E AMBIENTE	**127**
9.1 Introdução	127
9.2 Economia: modelo IO	128
9.3 Energia: modelo IO e consumos energéticos	129
9.4 Ambiente: modelo IO e emissões poluentes	130
9.5 Considerações finais: aplicações empíricas	133
10. O MODELO IO E A MACROECONOMIA	**135**
10.1 De novo o conceito de capacidade máxima de produção	135
10.2 O desperdício próprio das economias de serviços	138
10.3 Avaliação de políticas macroeconómicas	139
11. ANÁLISE IO, COMÉRCIO INTERNACIONAL E CADEIAS GLOBAIS DE VALOR	**141**
11.1 Introdução	141
11.2 Metodologia	143
11.3 Quadros IO internacionais	147
11.4 Exemplos de aplicações empíricas	149
11.4.1 Especialização vertical	149
11.4.2 Comércio internacional em valor acrescentado (TiVA)	152
12. OUTROS TÓPICOS RELEVANTES DA ANÁLISE IO	**155**
12.1 Atualização/projeção de coeficientes técnicos: o método RAS	156
12.2 Método de Decomposição Estrutural	160
12.3 O modelo de Ghosh	161
12.4 Rendimentos não constantes à escala	163
12.5 Matrizes de Contabilidade Social (SAMs)	164

13. EXEMPLOS DE APLICAÇÕES PRÁTICAS DO MODELO IO	167
13.1 Variação do preço do petróleo	167
13.2 Aumento da eficiência energética	174
14. CONCLUSÃO	177
APÊNDICE MATEMÁTICO	179
REFERÊNCIAS BIBLIOGRÁFICAS	193

NOTAÇÃO E SIMBOLOGIA
(MODELO IO APRESENTADO NOS CAPÍTULOS 2 A 4):

Convenções:

Escalares: letras em itálico

Vetores: letras minúsculas em negrito

Matrizes: letras maiúsculas em negrito, exceto as que resultam da diagonalização de um vetor, que se representam pelo vetor em causa, encimado pelo símbolo ∧

2. O MODELO INPUT-OUTPUT BÁSICO

x_i = produção realizada no sector i

x_{ij} = produção do sector i que foi utilizada pelo sector j (que pode ser o próprio sector i)

c_i = produção do sector i destinada a consumo (privado)

i_i = produção do sector i destinada a investimento

$fbcf$ = formação bruta de capital fixo

s_{0i} e s_{1i} = valor das existências de bens que foram produzidos pelo sector i no início e no fim do período.

$\Delta s_i \equiv s_{1i} - s_{0i}$ = variação de existências

y_i = valor da totalidade das utilizações finais oriundas da produção do sector i.

vab_i = valor acrescentado bruto do setor i

ANÁLISE INPUT-OUTPUT

$a_{ij} \equiv x_{ij}/x_j$ = coeficiente técnico da produção do sector j relativamente ao fornecimento do sector i, ou simplesmente *coeficiente técnico* do par (i,j).

$\mathbf{A} \equiv \{a_{ij}\}$ = a matriz dos coeficientes técnicos

$\mathbf{x}$ = vetor coluna das produções sectoriais

$\mathbf{y}$ = vector coluna da procura final

$v_i \equiv vab_i/x_i = 1 - \sum_{j=1}^{n} a_{ji}$ = coeficiente de vab do setor i

$\mathbf{B} = (\mathbf{I} - \mathbf{A})^{-1}$ = matriz inversa de Leontief

$\mathbf{vab}$ = vetor dos valores acrescentados sectoriais

$\hat{\mathbf{v}}$ = matriz diagonal que tem na diagonal principal os coeficientes de valor acrescentado

3. O MODELO IO EM ECONOMIA ABERTA

m_i = valor das importações do produto i, seja bem ou serviço, realizadas durante o ano.

$\mathbf{m}$ = vetor de importações de cada produto

e_i = valor das exportações do produto i.

$PIB = C + I + E - M$

C = total do consumo final

I = total do investimento

$M \equiv \sum_{i=1}^{n} m_i$ = total das importações

$E \equiv \sum_{i=1}^{n} e_i$ = total das exportações.

$m^*_i \equiv m_i/x_i$ = coeficiente total de importações do setor i

$\widehat{\mathbf{m}}*$ = matriz diagonal que tem na diagonal principal os coeficientes de importação, m^*_i

$\mathbf{y}$ = vetor da procura final nas suas três parcelas ($\mathbf{c+i+e}$)

$\mathbf{c}$ = vetor do consumo

$\mathbf{i}$ = vetor do investimento

$\mathbf{e}$ = vetor das exportações.

$\mathbf{u} = [1\ 1...1]$ = vetor linha unitário

m_{ij} = importações intermédias do produto i utilizadas no setor j

m_{iC} = fornecimentos de produtos importados diretamente consumidos

m_{iP} = fornecimentos de produtos importados diretamente investidos

$m^*_{ij} \equiv m_{ij}/x_j$ = coeficiente de importações do produto i pelo setor j

x^D_{ij} = fornecimentos intermédios domésticos

$a^D_{ij} = x^D_{ij}/x_j$ = coeficientes intermédios de origem doméstica (ou nacional)

$c_i/C \equiv c^*_i$ = coeficiente (vertical) de consumo do produto i total

$c^D_{iC}/C \equiv c^{*D}_i$ = coeficiente (vertical) de consumo do produto i de origem doméstica

$m_{iC}/C \equiv m^*_{iC}$ = coeficiente (vertical) de consumo do produto i importado

$e^*_i \equiv e_i/E$ = coeficiente (vertical) de exportações do produto i total, em que não é necessário acrescentar o símbolo de "doméstico" porque todos os fornecimentos à exportação são domésticos.

$\mathbf{A}^D$ = matriz de coeficientes técnicos domésticos

$\mathbf{c}^{*D}, \mathbf{i}^{*D}, \mathbf{e}^*$ = vetores dos parâmetros c^{*D}_i, i^{*D}_i, e^*_i

$\mathbf{M}^*$ = matriz dos coeficientes m^*_{ij} (não diagonal)

$\mathbf{m}$ = vetor das importações totais (de produtos intermédios e produtos para utilização final)

$\mathbf{m}^*_C$ e $\mathbf{m}^*_I$ = vetores dos coeficientes m^*_{iC} e m^*_{iI},

4. O MODELO IO, FATORES PRIMÁRIOS E ESTADO

w_j = valor das remunerações do trabalho (salários e ordenados) pagas no setor j

$\mathbf{w}$ = vetor (coluna) das remunerações do trabalho dos n setores da economia

$w^*_j = w_j/x_j$ = coeficiente de remunerações do trabalho do setor j

$\widehat{\mathbf{w}^*}$ = matriz diagonal dos coeficientes de remunerações do trabalho

l_j = emprego (ou quantidade de trabalho) do setor j

$\mathbf{l}$ = vetor (coluna) de emprego dos n setores da economia

$l^*_j = l_j/x_j$ = coeficiente de emprego do setor j

$\widehat{\mathbf{l}^*}$ = matriz diagonal dos coeficientes de emprego

q_{kj} = número de trabalhadores de qualificação k empregados no setor j

$\mathbf{Q}$ = a matriz de empregos setoriais por níveis de qualificação

$q^{*}_{kj} = q_{kj}/x_j$ = coeficiente de emprego de qualificação k no setor j

$\mathbf{Q^*}$ = matriz de coeficientes de emprego por níveis de qualificação

ebe_j = Excedente Bruto de Exploração (EBE) do setor j

ebe = vetor (coluna) dos EBEs de todos os setores da economia

$ebe^{*}_{j} = ebe_j/x_j$ = coeficiente de EBE do setor j

$\widehat{\mathbf{ebe}}^{*}$ = matriz diagonal dos coeficiente de EBE

G = *valor do Consumo Público total*

g_i = *fornecimento do setor i para Consumo Público*

g = vetor (coluna) de fornecimentos setoriais para consumo público

$g^{*}_{i} = g_i/G$ = coeficiente (vertical) de consumo público do produto i

$\mathbf{g^*}$ = vetor de coeficientes verticais de Consumo Público

$(t\text{-}z)_j$ = impostos indiretos, líquidos de subsídios, pagos pelo setor

$(\mathbf{t - z})$ = vetor (coluna) dos impostos indiretos (líquidos de subsídios)

$(t\text{-}z)^{*}_{j} = (t\text{-}z)_j/x_j$ = coeficiente de impostos indiretos, líquidos de subsídios, do setor j

$\widehat{(\mathbf{t - z})}^{*}$ = a matriz diagonal de coeficientes de impostos indiretos, líquidos de subsídios

rt = vetor de recursos totais da economia = **x** (produção interna) + **m** (importações)

A; A^V; A^Y; A^Z = matrizes de coeficientes verticais do modelo IO completo (4 quadrantes)

Matriz Gama = A^V B A^Y + A^Z = matriz de conteúdos em inputs primários (W; EBE; T-Z; M) das componentes da Procura Final (C; G; I; Ex).

1.
Introdução

A Análise Input-Output (designação que a partir daqui abreviaremos para Análise IO) foi uma criação de Wassily Leontief, no início dos anos quarenta do século XX.

Leontief (1906-1999), de origem russa, mas que emigrou para os EUA no início dos anos trinta do século passado, dedicou a maior parte dos seus trabalhos de economista a desenvolver e a estabelecer empiricamente um quadro mental, um modelo, que permite lidar, de forma operacionalmente válida, com as complexidades de um sistema económico moderno. Complexidades que resultam em boa parte das inter-relações que se estabelecem entre os sectores produtivos de uma economia e que são o foco essencial da Análise IO.

Nasceu assim, com os trabalhos de Leontief, a Análise IO, baseada num modelo matemático, o chamado Modelo de Leontief ou, como também chamaremos neste manual, o Modelo IO.

Embora as preocupações da Análise IO tal como foi estabelecida por Leontief sejam prioritariamente práticas, a verdade é que a análise tem também uma base teórica sólida que lhe permite, aliás, abalançar-se a estudar, com utilidade, do ponto de vista teórico, alguns dos problemas fundamentais da economia. Teremos oportunidade de o exemplificar no presente manual, sem prejuízo de este se orientar fundamentalmente para as aplicações práticas da Análise IO.

As bases teóricas da Análise IO, tal como Leontief constantemente afirmava, encontram-se na chamada Teoria do Equilíbrio Geral (TEG).

A TEG foi criação do francês Léon Walras (1834-1910), engenheiro de formação, que em 1877 publicou um livro célebre (*Éléments d'économie politique pure*) onde a desenvolveu. A intenção desta teoria, tal como se expressa no livro de Walras, era a de fornecer um quadro teórico que permitisse compreender o que Walras considerava uma realidade indiscutível: o facto de existirem economias muito complexas envolvendo milhões de produtores e de consumidores mas que conseguem, neste aparente caos, funcionar de forma relativamente equilibrada, onde, nos mercados, a procura e a oferta se tendem a equilibrar, os produtores conseguem maximizar os seus lucros e os consumidores gastam o seu dinheiro de uma forma que lhes permite maximizar a sua satisfação com os bens e serviços que adquirem.

Para Walras, o mecanismo que permitiria esta tamanha maravilha das sociedades humanas modernas era o ajustamento que os preços sofrem à evolução da oferta e da procura de bens e que, por sua vez, induzem variações nessas mesmas oferta e procura. O trabalho portentoso do nosso economista foi o de demonstrar matematicamente (embora de forma que mais tarde se veio a revelar algo defeituosa) em que condições o ajustamento dos preços permitia conduzir uma economia complexa a um estado de equilíbrio.

O nome de Teoria do Equilíbrio Geral dado ao trabalho teórico de Walras compreende-se assim facilmente, sendo que a qualificação "geral" se refere à pretensão de explicar o equilíbrio em todos os mercados e não apenas num dado mercado (a teoria de equilíbrio num dado mercado é normalmente chamada de teoria do equilíbrio parcial e foi exaustivamente desenvolvida pelo inglês Alfred Marshall, 1842-1924).

Apesar do seu carácter exclusivamente teórico e do irrealismo de algumas das suas hipóteses, bem referenciado nos anos trinta do século XX por Keynes (1883-1946), a TEG inspirou duas linhas de investigação de que derivaram duas ferramentas importantes para a análise de questões económicas: a Análise IO (e as suas extensões, nomeadamente as Matrizes de Contabilidade Social, que mencionaremos abaixo) e os Modelos Computáveis de Equilíbrio Geral (modelos CGE).

A inspiração que Leontief recebeu do trabalho de Walras para desenvolver a Análise IO não o impediu de reconhecer que para poder ter uma aplicação prática útil a TEG necessitava de mais realismo e de uma simplificação grande dos seus pressupostos. Já antes dos trabalhos de Leontief o sueco Gustavo Cassel (1866-1945) num livro célebre (*Economia social teórica*, edição alemã de 1918, cap. IV) tinha usado a TEG em termos teóricos mas introduzindo já uma simplificação – a definição de coeficientes técnicos constantes, que virá a constituir uma base essencial do modelo de Leontief).

Para além desta hipótese relativa aos coeficientes técnicos, que teremos oportunidade de desenvolver no Capítulo 2, a Análise IO de Leontief introduziu uma outra simplificação essencial que é a de considerar os preços apenas como preços de produção e não como preços que resultam da oferta e da procura de bens. No Capítulo 7 teremos oportunidade de nos referirmos amplamente a esta simplificação introduzida por Leontief na Análise IO. Finalmente, a Análise IO centra-se mais no subsistema produtivo do que nos comportamentos dos consumidores (o que não sucede na TEG), sem prejuízo de também os incluir embora de forma relativamente menos desenvolvida.

Uma referência deve ser feita, ainda, às Matrizes de Contabilidade Social, matrizes conhecidas por matrizes *SAM* da sigla inglesa de *Social Accounting Matrix*. São fruto de uma extensão da Análise IO e têm tido uma grande utilização na análise de múltiplas questões económicas. Voltaremos a referi-las mais adiante.

Os modelos CGE, para além de alguns modelos precursores, desenvolveram-se principalmente a partir dos anos oitenta do século XX e baseiam-se nos aprofundamentos da TEG de Walras que foram realizados principalmente por dois economistas, Kenneth Arrow (1921-2017) e Gérard Debreu (1921-2004), que desenvolveram, a partir dos anos cinquenta do século passado, o que é hoje conhecido por Teoria de Equilíbrio Geral de Arrow-Debreu.

Infelizmente os desenvolvimentos da teoria de Walras continuaram a basear-se em hipóteses tão irrealistas como a TGE inicial e os modelos CGE, ao contrário da Análise IO não conseguiram introduzir as simplificações e o realismo necessários para uma utilização prática eficaz.

Por isso, do ponto de vista dos autores do presente manual, a utilização que é feita dos modelos CGE[1] não cumpre as condições mínimas de realismo e de rigor científico que os qualifiquem para poderem ser considerados ferramentas úteis para a análise económica. Isto não obstante serem muito utilizados na atualidade por entidades que definem as políticas económicas de diversos países, infelizmente com resultados que, de forma aliás expectá-

---

[1] Para uma introdução aos modelos CGE ver (Hosoe *et al*, 2015)

vel face às suas deficiências, estão muito longe de poderem ser considerados satisfatórios.

A Análise IO é assim das poucas ferramentas disponíveis que estão habilitadas para estudar as implicações práticas da complexidade intersectorial, internacional e inter-regional que caracteriza as economias atuais.

No presente manual pretende-se dar uma visão geral da utilização prática da Análise IO, mas não descurando a sua fundamentação teórica e a discussão crítica das hipóteses em que se baseia.

Uma vez que, para quem pela primeira vez toma contacto com a Análise IO, a descrição da utilização desta ferramenta em situações reais pode tornar-se demasiado complexa, a aproximação proposta por este manual é gradual, ou seja, começaremos para cada tema com exemplos simplificados a que se seguirá a descrição da utilização com dados, tal como são disponibilizados pelos organismos de estatística, referentes a uma economia verdadeira.

Assim, no capítulo 2 apresentam-se os fundamentos do modelo IO considerando uma economia fechada e no capítulo 3 faz-se a abertura da economia ao exterior e expõem-se as necessárias alterações que isso implica no modelo.

No capítulo 4 introduz-se o Estado na economia e faz-se o tratamento explícito dos fatores primários (trabalho, capital, fiscalidade indireta e inputs intermédios importados).

No capítulo 5 analisa-se o modelo IO no contexto da economia regional, apresentando-se os chamados modelos IO multi-regionais e inter-regionais.

O capítulo 6 é dedicado à relação entre a análise IO e a Contabilidade Nacional, destacando-se a importância dos Quadros de Recursos e Utilizações (retangulares) como base para a construção dos Quadros IO (simétricos, ou quadrados), e fazendo uma breve, mas exaustiva, apresentação dos quadros IO construídos em Portugal, desde o final dos anos 1950 até hoje, quer em termos nacionais, quer em termos regionais. Será este o capítulo crucial da aproximação da Análise IO, descrita até aí em termos simplificados, às circunstâncias próprias da sua utilização em situações reais.

No capítulo 7 apresenta-se o modelo IO de preço e no capítulo 8 trata-se a questão do crescimento económico no contexto da análise IO.

O capítulo 9 é dedicado a um dos domínios mais investigados nos últimos tempos com base na metodologia IO, as questões da energia e do ambiente.

Depois de um breve capítulo (10) sobre o modelo IO e a macroeconomia, no capítulo 11 aborda-se o que é atualmente um dos tópicos mais "quentes" e prometedores da análise IO, a questão do comércio internacional e das chamadas cadeias globais de valor.

Depois de, no capítulo 12, se fazer uma breve apresentação de alguns tópicos adicionais da análise IO que seria lacuna grave não mencionar (a alteração dos coeficientes técnicos e a sua atualização, e/ou projeção, através do método RAS; o método de decomposição estrutural para análise e quantificação de alterações importantes na produção dos setores; o modelo de Ghosh, de coeficientes de afetação ou de mercado constantes; as economias de escala, com coeficientes técnicos variáveis em função do nível de produção dos setores; as matrizes de contabilidade social), no capítulo 13 faz-se uma aplicação da análise IO a um tema muito interessante e útil, a variação dos preços do petróleo, com o objetivo, analítico, mas também pedagógico, de ilustrar as potencialidades, mas também as dificuldades práticas desta importante metodologia.

Finalmente, no capítulo 14 conclui-se este manual com uma síntese sobre os pontos fortes e as debilidades do modelo IO e a referência a potenciais aplicações, para além das que são tratadas no livro. Merece ainda destaque a inclusão no final deste manual de um apêndice matemático que pode ser um instrumento muito útil, ou mesmo imprescindível, sobretudo para os leitores com menor formação de base neste domínio.

2.
O modelo input-output básico

Hipóteses iniciais e equações de balanço
Consideremos uma economia constituída por n sectores de atividade.

Uma primeira hipótese que fazemos é a de que existe uma correspondência biunívoca entre sectores de atividade e produtos produzidos, ou seja

Hipótese 1. Cada sector de atividade produz apenas um produto (seja bem ou serviço) e cada produto só é produzido por um sector de atividade (a partir de agora diremos por vezes apenas "sector").

Será esta hipótese razoável? A verdade é que sabemos que existem sectores que produzem mais que um produto. Por exemplo, em Portugal diversas indústrias produzem os seus produtos principais mas produzem também energia elétrica que vendem para a rede.

A verdade porém é que, na maior parte das aplicações, a hipótese da relação biunívoca entre sectores e produtos é perfeitamente adequada ainda que não seja rigorosamente verdadeira. Mais adiante (Capítulo 6) descreveremos brevemente a utilização desta mesma metodologia em situações em que não é adequada aquela hipótese.

Hipótese 2. A economia é fechada em relação ao exterior e não se considera a existência de impostos indiretos e subsídios.

A hipótese de a economia ser fechada só a assumimos neste capítulo para tornar mais fácil a introdução ao tema. Mas como verdadeiramente não existem hoje economias fechadas em relação às outras (com a única exceção da economia mundial no seu conjunto) e como algumas das aplicações mais importantes da análise input-output têm a ver com as ligações económicas entre países, introduziremos já no capítulo seguinte a análise em economia aberta. No que respeita aos impostos indiretos e subsídios, da mesma forma, a sua não consideração nesta fase tem a ver com a necessidade de simplificação inicial, mas, não sendo tão essenciais como a abertura da economia serão mencionados mais adiante (capítulo 4).

Hipótese 3. A produção de um qualquer sector pode ser utilizada de duas formas: ou como fornecimento intermédio para outros sectores (e ele próprio) poderem produzir – fornecimentos que também chamaremos de *inputs intermédios* – ou como utilização final destinada para consumo (privado ou coletivo), para investimento e também, em economia aberta, para exportações, como veremos mais adiante.

A distinção entre inputs intermédios e utilizações finais nem sempre é fácil de fazer. Os inputs intermédios são aqueles que desaparecem no processo produtivo dando origem a um novo produto, seja um bem, seja serviço. As utilizações finais referem-se a produtos que são necessários à satisfação das necessidades individuais ou coletivas das pessoas (consumo) ou que são necessários à produção nos diversos sectores mas que não se transformam durante o processo produtivo de um período (investimento). O investimento é uma utilização final, seja porque se trata de bens que são transformados ou vendidos em períodos seguintes (existências) seja porque são bens de equipamento, também chamados de bens de capital, que se desgastam mas não se transformam no processo produtivo e que começam a funcionar durante o período em análise. Estes últimos bens constituem a formação bruta de capital fixo realizada nesse período.

Mas esta hipótese 3 não é meramente referente à classificação do tipo de utilizações que a produção de cada sector pode assumir. Ela traz consigo uma importante suposição que temos que tornar clara: é a de que *não existe desperdício*, ou seja toda a produção realizada é aproveitada (de forma intermédia ou final), não havendo portanto produção que se perde. Note-se que esta hipótese é bastante forte quando estudamos as economias atuais, baseadas nos serviços, onde o desperdício é mais relevante. Para já ficamos com esta hipótese, mas voltaremos ao tema no capítulo 10.

Podemos condensar estas três hipóteses de uma forma muito simples usando n equações de balanço, ou seja n equações (uma para cada sector) que descrevem a forma como foi utilizada a produção realizada em cada um dos sectores.

Seja então um dado período (por exemplo um dado ano civil, que é o período mais utilizado, mas para certas aplicações poderia ser um trimestre) e um dado sector i.

Temos a igualdade:

$$x_i = \sum_{j=1}^{n} x_{ij} + c_i + i_i$$

Em que todas as variáveis estão medidas em unidades monetárias (por exemplo em euros ou num seu múltiplo) e referem-se ao mesmo ano.

x_i = produção realizada no sector i

x_{ij} = produção do sector i que foi utilizada pelo sector j (que pode ser o próprio sector i)

c_i = produção do sector i destinada a consumo (privado ou coletivo)

i_i = produção do sector i destinada a investimento

NOTAS

Nota 1

Como vimos acima, para cada sector i $i_i = \Delta s_i + fbcf_i$ em que Δs representa a variação de existências, ou seja o valor das existências no final do período menos o valor das existências no início do período e *fbcf* representa o valor da formação bruta de capital fixo.

Exercício: Explicar porque razão se considera a variação das existências durante o período e não o seu valor num dado momento.

Solução: A explicação é simples. Em economia fechada o que está disponível para utilização seja intermédia ou final é o que foi produzido durante o período mais o que existia no início do ano e que foi produzido em período anteriores, não tendo sido utilizado até aí de nenhuma outra forma.

Ou seja, mais rigorosamente as equações de balanço deveriam escrever--se:

$$s_{0i} + x_i = \sum_{j=1}^{n} x_{ij} + c_i + s_{1i} + fbcf_i$$

em que s_{0i} e s_{1i} são respetivamente o valor das existências de bens (que foram produzidos pelo sector i) no início e no fim do período. Passando o valor de s_{0i} para o 2º membro da igualdade e sabendo que por definição $\Delta s \equiv s_{1i} - s_{0i}$ temos aqui a justificação pretendida.

Nota 2

Todos os valores das variáveis, com a possível exceção da variação de existências são positivos ou nulos. Uma boa parte dos fornecimentos intermédios são nulos, uma vez que em muitos casos os fornecimentos oriundos de um sector não são diretamente necessários à produção de outros sectores. A variação de existências pode ser positiva, negativa ou nula. Nas economias atuais em que os sectores dos serviços representam a maior parte da produção e devido à natureza dos próprios serviços – cuja produção não pode ser armazenada – grande parte das variações de existências sectoriais são nulas.

Nota 3

Quando não precisamos de discriminar as diversas componentes da procura final, utilizamos o símbolo y_i para designar o valor da totalidade das utilizações finais oriundas da produção do sector i. Ou seja, $y_i \equiv c_i + \Delta s_i + fbcf_i$

As equações de balanço, neste caso, tomam a forma:

$$x_i = \sum_{j=1}^{n} x_{ij} + y_i$$

Valor acrescentado bruto (VAB)

As equações de balanço dão-nos, pois, uma fotografia do que sucedeu durante um ano numa dada economia no que respeita à produção e utilização da produção realizada nos n sectores de atividade.

Mas vão-nos permitir mais do que isso. Permitem-nos encontrar algumas das identidades contabilísticas mais básicas da macroeconomia.

Comecemos por definir o valor acrescentado realizado em cada sector i. Por definição, o valor acrescentado do sector i é a diferença entre o valor da produção que foi realizado e o valor dos inputs intermédios que o sector necessitou de adquirir para realizar essa produção. Ou seja, para cada sector i e se representarmos por vab_i o valor acrescentado bruto gerado no sector i[2], temos por definição

---

[2] A qualificação de "bruto" significa que não se deduz à diferença entre produção e soma dos inputs intermédios o valor das amortizações do equipamento que está ao serviço do sector.

$$vab_i \equiv x_i - \sum_{j=1}^{n} x_{ji}$$

Nota 1

Convém salientar que o somatório se refere ao total dos fornecimentos que o sector i adquiriu e não, como nas equações de balanço, os inputs que ele forneceu. Daí que os índices no caso das equações de balanço sejam ordenados ij e no caso do vab a ordem seja inversa, ji, sendo certo que em ambos os casos se soma para todos os j. O sector que adquiriu e forneceu só coincide nos fornecimentos a si próprio, ou seja, x_{ii}.

Nota 2

O vab de cada sector é por natureza igual aos rendimentos gerados no sector. Com efeito, nesta economia simplificada em que não existem impostos indiretos nem subsídios, se ao valor da produção retiramos o valor dos inputs intermédios o remanescente será igual ao valor dos salários, lucros, rendas e juros gerados no sector, ou seja, somando estas quatro parcelas, aos diversos rendimentos gerados no sector. É de referir neste contexto que o valor do vab de cada sector i é em geral positivo. Por vezes em caso muito excecionais pode existir um valor nulo ou até negativo, o que sucede quando a atividade gera prejuízos tais que a soma algébrica dos lucros (negativos) com as restantes parcelas dos rendimentos dá um resultado negativo.

As igualdades macroeconómicas fundamentais

Somemos os valores acrescentados de todos os sectores. Obtemos o valor acrescentado gerado no total da economia, a que também se dá o nome de produto interno bruto (PIB)[3]. O PIB é assim o total dos valores acrescentados e é por isso um erro grave dizer-se como infelizmente é comum nos *media* que o PIB é a "riqueza gerada na economia". Não é de forma nenhuma. PIB e riqueza só indiretamente se encontram ligados.

Vamos prosseguir.

Se se fizesse essa dedução obteríamos o *valor acrescentado líquido*. Em geral, na maior parte das aplicações, trabalhamos com o valor acrescentado bruto (vab) pelo que, quando nos referirmos apenas a "valor acrescentado" estamo-nos a referir ao vab.

[3] Em rigor há uma pequena diferença que podemos ignorar sem prejuízo para os objetivos do presente livro.

Calculemos então o PIB da economia. Ele é obtido somando todos ao vab_i sectoriais ou seja

$$PIB \equiv \sum_{i=1}^{n} vab_i = \sum_{i=1}^{n}(x_i - \sum_{j=1}^{n} x_{ji})$$

Mas como é sempre $\sum_{i=1}^{n}\sum_{j=1}^{n} x_{ji} = \sum_{i=1}^{n}\sum_{j=1}^{n} x_{ij}$ e como

$$y_i = x_i - \sum_{j=1}^{n} x_{ij}$$

obtemos

$$PIB = \sum_{i=1}^{n} y_i \equiv Y \text{ e chegamos à primeira igualdade fundamental}$$

1ª igualdade
Em economia fechada o PIB de uma economia é necessariamente igual ao total das utilizações finais, ou como se designa habitualmente, igual à procura final da economia (Y).

NOTA

A igualdade é necessária, ou seja verifica-se sempre, por ser contabilística. Em economia aberta não é válida nesta forma, como veremos.

Dada a igualdade entre o PIB e os rendimentos gerados na economia obtemos também a 2ª igualdade, também ele necessariamente válida no tipo de economia que consideramos a

2ª igualdade:
Em economia fechada onde não existem impostos indiretos e subsídios, o valor dos rendimentos gerados na economia é igual ao valor da procura final dessa economia.

Exemplo numérico
Consideremos uma economia muito simples, de apenas dois sectores, da qual se sabe o seguinte para um dado ano:
- O sector 1 forneceu a si próprio 100 milhões de euros, 120 milhões ao sector 2 e 150 milhões para utilização final
- O sector 2 forneceu 50 milhões ao sector 1, 80 milhões a si próprio e 200 milhões para utilização final.

Pretende-se calcular o PIB da economia e, também, verificar a 1ª igualdade.

Comecemos por determinar os valores das produções dos dois sectores.

A produção do sector 1 é igual à soma das utilizações intermédias e finais (uma vez que não existe desperdício). Ou seja será

$x_1 =$ 100+120+150 = 370 milhões de euros

$x_2 =$ 50+80+200 = 330 milhões de euros

Os valores acrescentados gerados dois sectores serão respetivamente

vab_1 = 370 – (100 + 50) = 220 milhões de euros

vab_2 = 330 – (120 +80) = 130 milhões de euros.

O valor do PIB será assim de 220+130 = 350 milhões de euros

que, como não podia deixar de ser, é igual à procura final, que se obtém através da soma das duas utilizações finais, ou seja, 150+200 = 350 milhões de euros.

Com a descrição destas igualdades fica descrito o quadro contabilístico sobre que iremos trabalhar. Está na altura portanto de olharmos para a forma como a Análise IO aborda a tecnologia da economia.

A tecnologia da economia e Análise IO

Até agora limitámo-nos a definir alguns conceitos e a estabelecer igualdades contabilísticas que, embora muito úteis estão longe de esgotarem a análise input-ouput.

Para podermos desenvolver essa análise é forçoso admitirmos mais algumas hipóteses. Talvez a mais importante seja a seguinte.

Hipótese 4. Para cada sector produtivo j e cada fornecimento x_{ij} que ele adquire dos outros sectores e dele próprio para realizar a sua produção x_j, o quociente x_{ij}/x_j é um valor independente dos valores das diversas produções, ou seja da escala de cada uma das produções realizadas pelos n sectores de atividade. É também independente do valor das utilizações finais.

Observações

1. O valor x_{ij}/x_j designa-se por coeficiente técnico da produção do sector j relativamente ao fornecimento do sector i, ou simplesmente *coeficiente técnico* do par (i,j). Habitualmente, a notação utilizada é a_{ij}, ou seja $a_{ij} \equiv x_{ij}/x_j$.

ANÁLISE INPUT-OUTPUT

2. Para cada sector j, ao vector $[a_{1j}, a_{2j}...a_{jn}]^{\mathrm{T}}$ onde o "T" é o símbolo de "transposto" (ver Apêndice Matemático[4]) chamamos vetor da tecnologia do sector j ou simplesmente *tecnologia do sector j*.

3. À matriz quadrada $\mathbf{A}$(nxn), cujas n colunas são os n vetores da tecnologia sectoriais, damos o nome de *matriz dos coeficientes técnicos* ou *matriz da tecnologia da economia*.

4. O conceito de coeficiente técnico tem uma interpretação simples que é a seguinte. Fazendo $x_j = 1$ obtemos $a_{ij} = x_{ij}$ ou seja, o valor a_{ij} pode ser interpretado como o valor do fornecimento do sector i ao sector j necessário para produzir o valor de uma unidade monetária nesse sector j.

5. Pode ser enganador chamar de *tecnologia* um dado vetor de coeficientes técnicos ou a própria matriz $\mathbf{A}$. Na realidade, trata-se apenas da tecnologia que se refere à utilização de inputs intermédios, ou seja, de fornecimentos de bens ou serviços que, na sua maior parte são produzidos no próprio período de produção em que nos focamos e que são transformados no próprio processo produtivo. Mas a produção de cada sector necessita também de fatores produtivos, chamados *fatores primários* – em especial trabalho humano e capital (no sentido de equipamento, instalações, etc.) – que, na sua maior parte já existem no início do período de produção e que não se transformam no processo produtivo, embora se possam desgastar. Teremos oportunidade mais adiante (capítulo 4) de estudar a inclusão específica das questões relativas aos fatores primários.

Vistas estas observações e antes de prosseguirmos a análise temos de discutir a justificação de fazermos esta hipótese 4, em particular a da constância dos coeficientes técnicos e quais as respetivas limitações.

Crítica da hipótese 4.

1. Do ponto de vista positivo, é inegável que a hipótese de constância dos coeficientes técnicos em relação ao nível da produção ou qualquer outro fator se recomenda pela sua simplicidade e, como veremos, pela sua operacionalidade em termos de cálculos matemáticos. Além disso – e mais importante – é uma hipótese realista, principalmente se utilizarmos a análise input-output usando a matriz $\mathbf{A}$ para um período relativamente curto.

---

[4] No Apêndice Matemático são descritos os principais conceitos de cálculo matricial que são necessários à compreensão da análise IO.

As rápidas transformações tecnológicas atuais desaconselham contudo que se utilize a mesma matriz **A** para um período longo.

2. A primeira limitação resulta da forma de cálculo dos coeficientes técnicos. A definição que demos acima pressupõe que os fluxos dos fornecimentos e da produção são medidos em valor, ou seja, em unidades monetárias. Mas a verdade é que se queremos representar tecnologias deveríamos usar fluxos medidos em unidades físicas. Com efeito, quando usamos fluxos em unidades monetárias estamos inevitavelmente a misturar questões tecnológicas com variações de preços que não têm a ver senão indiretamente com a tecnologia.

Poderá então perguntar-se: mas porque não utilizar fluxos medidos em unidades físicas? A verdade é que para utilizações muito limitadas da análise input-output é possível trabalhar com fluxos medidos em unidades físicas. Porém, no que é verdadeiramente importante na utilização dos métodos input-output torna-se inevitável trabalhar com fluxos em valor. Por três razões principais. Em primeiro lugar, trabalhando em unidades físicas, os coeficientes técnicos calculados terão unidades diferentes entre si consoante a unidade em que esteja medido cada fluxo, o que torna impossível por exemplo, somar fluxos em coluna. Os coeficientes técnicos calculados em valor, inversamente, são números abstratos, sem unidades, o que permite todo o tipo de cálculos. Em segundo lugar, a maior parte dos fluxos das economias atuais provém dos sectores de serviços, para os quais muitas vezes é difícil encontrar uma unidade física de medição. Finalmente, trabalhar com fluxos físicos impede-nos de determinar valores acrescentados sectoriais e, portanto, o PIB, o que reduz drasticamente a utilidade de uma tal análise.

A alternativa será, pois, a de trabalhar com fluxos em valor, mas tal exige uma hipótese adicional, a nossa hipótese 5. Mas antes de abordarmos essa hipótese vamos à segunda limitação da hipótese 4.

3. O facto de consideramos os coeficientes técnicos independentes da escala da produção impede que a análise input-output tome em atenção fenómenos chamados de *economias de escala* (em que alguns ou todos os valores dos coeficientes técnicos de um sector se reduzem quando esse sector produz mais) ou de deseconomias de escala (quando os coeficientes técnicos aumentam em vez de se reduzirem). A hipótese **4** configura, assim, uma economia em que os rendimentos de cada sector são constantes à escala, ou seja, em que não existem nem economias nem deseconomias de escala.

Economias e deseconomias de escala são efeitos frequentes mas que, em geral, não assumem grande significado a não ser em casos – que são raros – em que de um momento para o outro se verificam em alguns sectores grandes variações na respetivas produções. Dada a raridade do fenómeno, podemos dizer que a hipótese 4, é, neste aspeto relativamente robusta, embora em certos tipos de aplicações se possa ter de se tomar em conta alterações da matriz A por efeitos de economias ou deseconomias de escala (ver mais adiante, capítulo 12). Mais uma vez, é válida a prevenção de não se utilizar a mesma matriz A para períodos longos porque, com o decorrer do tempo, para além das inovações tecnológicas, tornam-se mais frequentes os fenómenos de escala.

Vamos agora à hipótese 5.

Hipótese 5. Os preços de todos os fluxos – quer de utilizações intermédias quer finais – são constantes.

Esta hipótese, naturalmente, é admitida para, na medida do possível, evitar misturar as questões tecnológicas e as questões económicas, tal como foi referido a propósito da hipótese 4. No entanto evitar essa mistura através desta hipótese tem um grande custo para o realismo da análise, principalmente em tempos em que há alterações significativas nos preços relativos dos produtos (por exemplo quando o petróleo sobe ou desce fortemente o seu preço em relação aos dos outros produtos). O problema é especialmente relevante quando se considera uma economia aberta. Por isso, esta hipótese 5 será corrigida mais tarde, no capítulo 7.

Finalmente, juntamos mais uma hipótese semelhante à hipótese 3 e que tem a ver com a ausência de desperdício.

Hipótese 6. Não existe desperdício nos processos produtivos, ou seja, cada coeficiente técnico a_{ij} toma o valor mais reduzido que pode tomar sem pôr em causa a produção realizada pelo sector *j*.

Como é evidente, sabemos que nem todas as empresas são eficientes e que portanto haverá sempre algum grau de desperdício. Na realidade, porém, se esse desperdício existir e assumir sempre a mesma proporção da produção do sector utilizador, tal não será num problema para análise, uma vez que os coeficientes técnicos mesmo com desperdício se manterão constantes. Note-se que o facto de os coeficientes serem considerados constantes e os menores possíveis significa que não admitimos uma possível substituição de um fornecimento por outro no mesmo processo produtivo, por exemplo, substituindo parte do fornecimento do sector i por fornecimento do sector k na produção do sector j. Esta ausência de substituição no processo produtivo pressupõe uma grande rigidez que vai para além da que existe nas economias atuais. Por isso discutiremos a possibilidade de amenizar esta hipótese mais adiante no capítulo 12.

Concluímos a apresentação das hipóteses. Podemos então desenvolver o modelo input-output básico.

O modelo input-output (modelo IO)

Consideremos então uma economia de n sectores/produtos, fechada em relação ao exterior, em que todos os sectores têm coeficientes técnicos constantes, com preços constantes e sem desperdício, tanto no total da produção como nos fornecimentos intermédios.

Numa economia assim caracterizada temos as n equações de balanço

$$x_i = \sum_{j=1}^{n} x_{ij} + y_i \qquad i = 1,2,...n$$

Mas, por definição de coeficiente técnico, temos para cada par (i,j)

$$a_{ij} = x_{ij}/x_j$$

Donde

$$x_{ij} = a_{ij} x_j$$

Substituindo nas equações de balanço, temos

$$x_i = \sum_{j=1}^{n} a_{ij} x_j + y_i \qquad i = 1,2,...n$$

Ou, em notação matricial

1) $\mathbf{x} = \mathbf{Ax} + \mathbf{y}$

Em que $\mathbf{x} = [x_1, x_2,...x_n]^T$ é o vetor coluna das produções sectoriais (cada componente de $\mathbf{x}$ corresponde a um sector), $\mathbf{y} = [y_1, y_2,...y_n]^T$ é o vetor coluna da procura final e

$\mathbf{A} \equiv \{a_{ij}\}$ é a matriz dos coeficientes técnicos. É uma matriz quadrada de ordem n, ou seja tem n colunas e também n linhas.

Outros coeficientes que tem importância calcular são os coeficientes de valor acrescentado ou seja o quociente, para cada sector i, do respetivo vab_i sobre o valor da produção x_i.

Como sabemos, o vab de cada sector i é dado por $vab_i \equiv x_i - \sum_{j=1}^{n} x_{ji}$

Pelo que dividindo por x_i ambos os membros da igualdade e designando por v_i o coeficiente de vab, ou seja $v_i \equiv vab_i / x_i = 1 - \sum_{j=1}^{n} a_{ji}$

Suponhamos agora que usamos a análise input-output para determinar o valor da produção que será necessário realizar para satisfazer um dado vetor da procura final. Este é um problema que surge frequentemente na política económica, em particular em países mais pobres onde é preciso assegurar um mínimo de satisfação de necessidades de consumo – que é a componente mais importante da procura final – numa economia fechada.

Trata-se portanto de fixar um valor para o vetor **y** e calcular o vetor da produção que é necessário para permitir que a procura final atinja o valor fixado.

Nesta economia simplificada o cálculo é muito fácil.

Sendo **y*** o vetor fixado para a procura final, obtemos da equação 1)

$$\mathbf{x} = \mathbf{Ax} + \mathbf{y}^*$$

Donde recorrendo a uma cálculo matricial simples

$$(\mathbf{I} - \mathbf{A})\,\mathbf{x} = \mathbf{y}^*$$

E, existindo a matriz inversa de $(\mathbf{I} - \mathbf{A})$, obtemos finalmente

$$\mathbf{x} = (\mathbf{I} - \mathbf{A})^{-1}\mathbf{y}^*$$

Prova-se em teoria das matrizes que se todos os coeficientes de vab, os nossos v_i, forem positivos, então existe a inversa $(\mathbf{I} - \mathbf{A})^{-1}$. Ora esta é a situação normal de uma economia real (embora, conforme já assinalámos possa haver situações esporádicas de um vab negativo) pelo que nos deixaremos de preocupar com a possibilidade de $(\mathbf{I} - \mathbf{A})$ não ter inversa.

À matriz inversa $(\mathbf{I} - \mathbf{A})^{-1}$ dá-se o nome de *matriz inversa de Leontief* e vamos designá-la letra $\mathbf{B}$[5], ou seja $\mathbf{B} \equiv (\mathbf{I} - \mathbf{A})^{-1}$.

Está na altura de olharmos para um exemplo numérico.

Exemplo numérico
Problema: na economia simplificada objeto do exercício da página 24 calcular a produção necessária para, sem alteração da tecnologia, satisfazer uma procura final de 170 milhões de euros no sector 1 e de 250 milhões no sector 2.

---

[5] Frequentemente a matriz inversa de Leontief também é designada pelo símbolo L.

2 · O MODELO INPUT-OUTPUT BÁSICO

Começamos por calcular os coeficientes técnicos que são os mesmos do exercício anterior, uma vez que por hipótese não há alteração de tecnologia. Temos

$a_{11} = 100/370 = 0,270 \quad a_{12} = 120/330 = 0,364$

$a_{21} = 50/370 = 0,135 \quad \underline{a_{22}} = 80/330 = 0,242$

A matriz $\mathbf{A}$ é portanto

$$\mathbf{A} = \begin{bmatrix} 0,270 & 0,364 \\ 0,135 & 0,242 \end{bmatrix}$$

Calculando a inversa $\mathbf{B}$ obtemos

$$\mathbf{B} = \begin{bmatrix} 1,503 & 0,722 \\ 0,268 & 1,448 \end{bmatrix}$$

Multiplicando esta matriz $\mathbf{B}$ pelo vetor da procura final que foi fixado, $\mathbf{y}^* = [170 \quad 250]^T$ obtemos o vetor da produção necessária para satisfazer $\mathbf{y}^*$ que vem dado por

$\mathbf{x} = [436,0 \quad 407,6]^T$

*Comentário*s

1. Notemos em primeiro lugar que os elementos da matriz $\mathbf{B}$ são todos não negativos. Não é por acaso. Prova-se que com as características da matriz $\mathbf{A}$ (que é constituída por elementos não-negativos, alguns deles nulos e coeficientes de valor acrescentado positivos) todos os elementos da matriz $\mathbf{B}$ são não-negativos (no caso do exemplo até são positivos, embora essa não seja uma regra geral; apenas se prova, de forma geral, a não-negatividade).

2. Em segundo lugar, comparando com os valores da procura final do exemplo anterior, verificamos que um aumento da procura final do sector 1 de 150 milhões de euros para 170 milhões e no sector 2 de 200 milhões para 250 obriga a um aumento de 66 milhões (436,0 – 370) de euros na produção do sector 1 e de 77,6 milhões (407,6 – 330) na produção do sector 2. Ou seja, aumentos muito superiores aos aumentos requeridos para a procura final.

Mas isto afinal, não tem nada de surpreendente, se nos lembrarmos que, para aumentar a produção para a procura final é preciso também aumentar os fornecimentos intermédios que permitem produzir mais para essa procura final. O resultado é que tem de haver um aumento de produção para satisfazer estes fornecimentos intermédios adicionais e daí que em última análise os aumentos da produção tenham de ser superiores aos aumentos da procura final.

As potencialidades do cálculo matricial para lidar com a complexidade
Este método de cálculo agora exemplificado chama a atenção para as enormes potencialidades do cálculo matricial para nos permitir estudar as consequências da grande complexidade das economias modernas, de que um dos aspetos mais difíceis é o que tem a ver, justamente, com a inter-relação entre os sectores de atividade.

Suponhamos que nos propúnhamos resolver o problema posto sem recurso ao cálculo matricial. Aumentar a procura final de cada sector implica aumentar a produção dos sectores no valor pretendido. Mas para isso será necessário aumentar a produção dos fornecimentos intermédios. Mas para podermos aumentar a produção para fornecimentos intermédios teremos de aumentar de novo a produção para fornecimentos intermédios e assim sucessivamente. Com apenas dois sectores ao fim de um conjunto trabalhoso de cálculos acabaríamos por obter a solução. Mas para 50 ou 60 sectores que são números habituais com que se trabalha em aplicações práticas o não dispor do cálculo matricial pura e simplesmente invalidaria obter a solução do problema. É o facto de estar baseada no cálculo matricial que confere à análise input-output a sua grande utilidade prática.

A interpretação dos elementos da matriz **B**: *os multiplicadores*
A inversa de Leontief, a matriz que designámos por **B**, como vimos, é constituída por elementos não-negativos b_{ij} que têm um significado económico muito especial e que nos permitem conhecer melhor os efeitos nas produções sectoriais que são gerados pela inter-relação entre os diversos sectores produtivos.

Para melhor compreendermos esse significado, comecemos por notar uma propriedade importante que tem a ver com o facto dos elementos da matriz **B** serem constantes.

Sejam y_1 e y_2 dois vetores da procura final.

Sejam x_1 e x_2 os correspondentes vetores da produção obtidos com a matriz **B**

Tem-se $x_1 = By_1$ e $x_2 = By_2$

Então podemos escrever subtraindo ambos os membros das duas igualdades e pondo **B** em evidência,

$$\mathbf{x}_1 - \mathbf{x}_2 = \mathbf{B}(\mathbf{y}_1 - \mathbf{y}_2)$$

Simbolizando por Δ a variação de uma qualquer variável ou vetor, podemos escrever de forma mais compacta

$$\Delta\mathbf{x} = \mathbf{B}\,\Delta\mathbf{y}$$

Suponhamos agora duas situações diferentes.

A primeira situação é aquela em que existe uma variação $\Delta y_i = 1$ para um dado sector i e em que todas as outras procuras finais não variam, ou seja $\Delta y_j = 0$ para $j \neq i$.

Então o vetor $\Delta\mathbf{y}$ é o vetor $[0,\ldots 1,\ldots 0]^{\mathrm{T}}$

Multipliquemos **B** por $[0,\ldots 1,\ldots]^{\mathrm{T}}$ para obtermos o correspondente vetor da variação das produções sectoriais.

Obtemos $\Delta\mathbf{x} = [b_{1i},\ldots b_{ii},\ldots b_{ni}]^{\mathrm{T}}$

Ou seja,

Cada elemento da coluna i da matriz dá-nos o valor do aumento da produção do sector correspondente que permite aumentar de uma unidade monetária a procura final dirigida ao sector i, mantendo-se constante a procura final dirigida aos restantes sectores.

Somando todos os elementos da coluna i de **B**, ou, seja fazendo a soma $b_{1i} + b_{2i} + \ldots + b_{ni}$ obtemos, evidentemente a totalidade do acréscimo da produção resultante do aumento de uma unidade da procura final dirigida ao sector i, mantendo-se constantes todas as restantes procuras finais.

No exemplo numérico de há pouco, o aumento de um milhão de euros da procura final dirigida ao sector 2, mantendo-se a procura final dirigida ao sector 1, faz aumentar em 0,722 milhões de euros a produção do sector 1 e em 1,448 milhões de euros a produção do sector 2. Na totalidade a produção aumentará 2,17 milhões de euros.

Consideremos agora a segunda situação. Nesta situação todas as procuras finais sectoriais aumentam 1 unidade monetária, ou seja, a procura final aumenta n unidades uma em cada sector.

O vetor $\Delta\mathbf{y}$ é o vetor coluna unitário que designaremos por u, ou seja, $\mathbf{u}^{\mathrm{T}} \equiv [1,\ldots 1,\ldots 1]$, pelo que o vetor $\Delta\mathbf{x}$ correspondente, obtido com a multiplicação por **B**, é o vetor $\Delta\mathbf{x} = [\sum_{j=1}^{n} b_{1j},\ldots, \sum_{j=i}^{n} b_{ij},\ldots \sum_{j=1}^{n} b_{nj}]^{\mathrm{T}}$, ou seja, para cada sector *i* o aumento da produção necessário para satisfazer este aumento da procura final é a correspondente componente de $\Delta\mathbf{x}$, ou seja $\sum_{j=1}^{n} b_{ij}$.

No caso do exemplo numérico anterior, temos $\Delta\mathbf{x} = [2{,}225,\ 1{,}716]^T$.

Como se vê a matriz **B** dá-nos muita informação sobre os efeitos que se geram devido à inter-relação entre sectores, análise que só podemos realizar com a utilização do cálculo matricial. Como estes efeitos amplificam, por assim dizer *multiplicam* as variações da procura final, esta análise chama-se muitas vezes análises de multiplicadores e os elementos da matriz **B** ou as suas somas denominam-se *multiplicadores*.

Esta a análise poderia ainda ser empreendida para um terceira situação em que, como a primeira que foi analisada a procura final aumenta uma unidade mas não apenas num sector, sendo repartida de uma certa forma pelos diversos sectores. Mas deixaremos a análise dessa situação para o capítulo seguinte quando introduzirmos o comércio externo.

Valores acrescentados

Os efeitos da variação da procura final podem também ser calculados no que respeita ao valor acrescentado dos diversos sectores. Depois de calculados os efeitos sobre a produção, o cálculo é muito simples. Basta multiplicar cada aumento sectorial da produção pelo respetivo coeficiente de valor acrescentado, ou seja, obtém-se:

$\Delta vab_i = v_i \Delta x_i$. Podemos usar a notação matricial para obter de uma só vez todos os valores acrescentados.

Se **vab** for o vetor de todos os valores acrescentados sectoriais temos
$$\Delta\mathbf{vab} = \hat{\mathbf{v}}\ \Delta\mathbf{x} = \hat{\mathbf{v}}\ \mathbf{B}\ \Delta\mathbf{y}$$

em que $\hat{\mathbf{v}}$ é a matriz diagonal que tem na diagonal principal os coeficientes de valor acrescentado, ou seja $\hat{\mathbf{v}} \equiv \begin{bmatrix} v_1 & \cdots & 0 \\ \vdots & \ddots & \vdots \\ 0 & \cdots & v_n \end{bmatrix}$.

Se quisermos obter a totalidade da variação do valor acrescentado, isto é, a variação do PIB basta-nos somar as componentes de $\Delta\mathbf{vab}$ ou seja, em notação matricial (ver Apêndice) pré-multiplicar este vetor pelo vetor linha cujas componentes são todas iguais e iguais à unidade e que já designámos acima por $\mathbf{u}^T$.

temos então

$$\Delta PIB = \mathrm{u}^{\mathrm{T}} \, \Delta \mathbf{vab}.$$

Exercício

Calcular a variação do PIB da economia descrita no exemplo da página 24 e verificar que a variação do PIB é igual à variação da procura final total (*porquê?*).

Uma construção Lego

Como acabamos de ver, a análise input-output pode ser acrescida por módulos quando precisamos de calcular efeitos sobre outras variáveis. Neste exemplo, o módulo acrescido foi o do valor acrescentado. Ora, baseados nos efeitos sobre o valor acrescentado poderíamos acoplar outro módulo de forma a obtermos efeitos sobre outras variáveis, como teremos oportunidade de fazer em várias situações nos próximos capítulos. É por isso que análise input-output faz lembrar uma construção *Lego*. Esta flexibilidade que se revela muto útil nas aplicações só é possível dado o carácter linear da análise.

Terminamos aqui esta primeira aproximação ao modelo input-output. Está na hora de tornar a análise mais realista, abandonando a hipótese da economia fechada e introduzindo o comércio externo no modelo.

3.
O modelo IO em economia aberta

As equações de balanço

Para considerarmos uma economia aberta ao exterior temos necessariamente de incluir, o que até aqui não foi feito, os fluxos relativos, quer à produção de bens e serviços que é exportada, quer às importações.

Mas para introduzirmos estes dois tipos de fluxos temos, necessariamente, que alterar as equações de balanço.

Assim, em primeiro lugar o que está disponível num dado ano para a economia utilizar não é apenas o que foi produzido internamente. Temos de considerar também o que foi importado.

Sendo assim, para cada produto i, o que está disponível para utilização pela economia é a soma $m_i + x_i$ em que m_i é o valor das importações do produto i, seja bem ou serviço, realizadas durante o ano. Claro que o valor de m_i poderá ser nulo, uma vez que há produtos que não são suscetíveis de importação.

Mas há também uma alteração a fazer nas utilizações. No que respeita às utilizações intermédias, não há nada variáveis a acrescentar, uma vez que se trata de utilizações para realizar a produção interna, seja em situação de economia fechada, seja em situação de economia aberta.

Mas já no que respeita à procura final temos de incluir as exportações de bens e serviços. Assim, para além do consumo e do investimento originado em cada sector i temos também de considerar as exportações do produto i.

Desta forma, a procura final oriunda do sector i será

ANÁLISE INPUT-OUTPUT

$y_i = c_i + i_i + e_i$ em que e_i é o valor das exportações do produto i.

Pode pôr-se a dúvida se as exportações de bens intermédios devem ser classificadas como procura final. A resposta é afirmativa. Com efeito, as exportações de bens intermédios serão utilizadas no processo produtivo mas fora do país onde foram produzidas. Do ponto de vista deste último país, a exportação é uma utilização final pois não há mais nenhuma utilização desses produtos exportados no seu território. Por isso *todas* as exportações, sejam de bens ou serviços, sejam de produtos intermédios, de produtos destinados ao consumo ou de produtos destinados a investimento são classificadas nas utilizações finais.

Com estes dois acrescentos as equações de balanço tomam a forma

$$m_i + x_i = \sum_{j=1}^{n} x_{ij} + c_i + i_i + e_i \quad \text{i=1,2,...n}$$

em que os x_{ij} incluem não só os inputs produzidos internamente como também os importados e as componentes da procura final incluem uma parte que é diretamente importada (para consumo e para investimento, uma vez que se admite que não há importações diretas para exportação).

Somando ambos os membros das n equações e procedendo como fazemos no capítulo anterior para chegar ao valor do PIB, obtemos agora

$M + PIB = C + I + E$ ou

$PIB = C + I + E - M \equiv Y - M$

Onde $M \equiv \sum_{i=1}^{n} m_i$ é o total das importações e $E \equiv \sum_{i=1}^{n} e_i$ é o total das exportações.

Coeficientes técnicos e coeficientes de importação

A alteração das equações de balanço obriga também a alterar o modelo input-output se quisermos utilizar a análise IO para propósitos semelhantes à sua utilização em economia fechada.

Vamos exemplificar a introdução do comércio externo no modelo input-output em duas situações uma de menor outra de maior acesso a informação sobre comércio externo.

1ª Situação (menor informação).

Nesta situação dispõe-se apenas da informação relativa às exportações e importações de cada produto/sector i.

A informação disponível é assim escassa mas, infelizmente é a única que se encontra disponível com fiabilidade em muitas situações concretas.

A forma mais simples de operar com o modelo input-output nesta situação é a de admitir como válida a seguinte hipótese:

Hipótese. Para cada produto/sector i tem-se $m_i/(x_i + m_i)$ constante, isto é, o peso das importações no total da oferta do produto é constante. Designaremos por m^*_i esse quociente, ou seja, $m^*_i \equiv m_i/(x_i + m_i)$

Dois comentários são necessários relativamente a esta hipótese.

Comentário 1.

Quando não existe produção interna de um produto (por exemplo petróleo bruto em Portugal) o coeficiente m* correspondente é igual à unidade. Quando não existem importações de um dado produto o respetivo coeficiente é evidentemente nulo.

Comentário 2.

A hipótese feita (ao contrário da constância dos coeficientes técnicos) não é uma hipótese relativa apenas à tecnologia. A proporção da importação no total da oferta de um bem poderá ser muito mais consequência de fatores económicos (qualidade de um produto, preço interno e preço externo, etc.) do que de fatores tecnológicos.

Com base nesta hipótese podemos então escrever, utilizando o cálculo matricial

$$\mathbf{m} = \widehat{\mathbf{m}} * (\mathbf{x} + \mathbf{m})$$

em que **m** é o vetor das importações e $\widehat{\mathbf{m}} *$ é a matriz diagonal cujos elementos da diagonal principal são os m^*_i.

Então, podemos escrever as equações de balanço na notação matricial

$$\widehat{\mathbf{m}} * (\mathbf{x} + \mathbf{m}) + \mathbf{x} = \mathbf{Ax} + \mathbf{c} + \mathbf{i} + \mathbf{e}$$

em que desdobramos o vetor **y** da procura final nas suas três parcelas: o vetor do consumo (**c**), o vetor do investimento (**i**) e o vetor das exportações (**e**).

Mas como de

$$\mathbf{m} = \widehat{\mathbf{m}} * (\mathbf{x} + \mathbf{m})$$

se pode obter

$$\mathbf{m} = (\mathbf{I} - \widehat{\mathbf{m}} *)^{-1}\widehat{\mathbf{m}} * \mathbf{x},$$

ANÁLISE INPUT-OUTPUT

a frase "no caso de nenhum $m*_i$ ser igual à unidade (se houver algum o respectivo sector poderá ser excluído das relações entre as produções intersectoriais e considerado posteriormente de forma autónoma porque nada produz internamente)

(Exercício: Verificar que a matriz $(I - \hat{m}*)^{-1}\hat{m}*$ é uma matriz diagonal cujo elemento i da diagonal principal é dado por m_i/x_i)
podemos escrever a equação matricial de balanço como sendo
$$(I - \hat{m}*)^{-1}\hat{m}* \, x + x = Ax + c + i + e$$

Donde, com um simples cálculo matricial obtemos
1) $[I + (I - \hat{m}*)^{-1}\hat{m}* - A] \, x = c + i + e$

Como, aplicando a definição de matriz inversa (para qualquer matriz C, quadrada com inversa, $CC^{-1} = C^{-1}C = I$) se tem
$$I + (I - \hat{m}*)^{-1}\hat{m}* = (I - \hat{m}*)^{-1}(I - \hat{m}*) + (I - \hat{m}*)^{-1}\hat{m}*$$

Vem, pela propriedade distributiva do cálculo de matrizes
$$I + (I - \hat{m}*)^{-1}\hat{m}* = (I - \hat{m}*)^{-1} (I - \hat{m}* + \hat{m}*) = (I - \hat{m}*)^{-1}$$

donde, da equação 1)
$$x = [(I - \hat{m}*)^{-1} - A]^{-1} (c + i + e)$$

E assim obtemos o vetor da produção necessária para satisfazer a o vetor da procura final .
O vetor das importações, como se viu vem dado por
$$m = (I - \hat{m}*)^{-1}\hat{m}* \, x$$

E o total das importações vem dado por:
$$u^T m = u^T(I - \hat{m}*)^{-1}\hat{m}* \, x$$

Em que u^T é o vetor linha unitário de dimensão adequada (n).

A importância de obter o total das importações está em que podemos comparar esse total com o total das exportações, dado pelo produto $u^T e$. Comparando o total das importações com o das exportações podemos avaliar se satisfazer aquela procura final é ou não possível face ao impacto que pode ter na balança corrente com o exterior.

Exemplo numérico

Consideremos, de novo uma economia muito simplificada de dois sectores para a qual se conhecem os seguintes valores em milhões de euros

$x_1 = 250$ $x_{11} = 100$ $x_{12} = 80$ $m_1 = 60$ $c_1 + i_1 = 100$ $e_1 = 30$
$x_2 = 160$ $x_{21} = 50$ $x_{22} = 40$ $m_2 = 20$ $c_2 + i_2 = 50$ $e_2 = 40$

Pretende-se calcular o impacto na produção e na balança corrente com o exterior de um aumento de 10 unidades nas exportações do sector 1 e de 5 unidades nas exportações do sector 2, supondo que as restantes componentes das utilizações finais se mantêm constantes.

Comecemos por escrever as equações de balanço

$60 + 250 = 100 + 80 + 100 + 30$
$20 + 160 = 50 + 40 + 50 + 40$

É fácil de calcular o PIB, ou seja a soma dos valores acrescentados gerados nos dois setores.

Vem dado por:

$PIB = [250 - (100+50)] + [160 - (80+40)] = 100 + 40 = 140$

Por outro lado o valor da procura final menos as importações é dado por:

$Y - M = (100 + 30 + 50 + 40) - (60 + 20) = 140$, ou seja igual ao PIB, como não podia deixar de ser.

A matriz dos coeficientes técnicos é:

$$\mathbf{A} = \begin{bmatrix} 0,400 & 0,500 \\ 0,200 & 0,250 \end{bmatrix}$$

A matriz diagonal dos coeficientes de vab é:

$$\hat{\mathbf{v}} = \begin{bmatrix} 0,400 & 0 \\ 0 & 0,250 \end{bmatrix}$$

A matriz $\widehat{\mathbf{m}}*$ é:

$$\widehat{\mathbf{m}}* = \begin{bmatrix} 0,194 & 0 \\ 0 & 0,111 \end{bmatrix}$$

E a matriz inversa $[(\mathbf{I} - \widehat{\mathbf{m}}*)^{-1} - \mathbf{A}]^{-1}$ vem dada por:

$$[(\mathbf{I} - \widehat{\mathbf{m}}*)^{-1} - \mathbf{A}]^{-1} = \begin{bmatrix} 1,377 & 0,787 \\ 0,315 & 1,323, \end{bmatrix}$$

Consideremos então o aumento das exportações. O novo vetor da procura final será

$$\mathbf{y} = [140 \quad 95]^{\mathrm{T}}$$

O valor do novo vetor da produção vem dado por

$$\mathbf{x} = \begin{bmatrix} 1,377 & 0,787 \\ 0,315 & 1,323 \end{bmatrix} \mathbf{y} = [267,5 \quad 169,8]^{\mathrm{T}}$$

E os valores acrescentados dos dois sectores são
$vab_1 = 0,4 \times 267,5 = 107,0$ e $vab_2 = 0,25 \times 169,8 = 42,5$

Pelo que o novo valor do PIB é:
$PIB = 107,0 + 42,5 = 149,5$

Por outro lado, as importações sector a sector vêm dadas por
$$\mathbf{m} = (\mathbf{I} - \widehat{\mathbf{m}} *)^{-1} \widehat{\mathbf{m}} * \mathbf{x}$$
ou seja

$$\mathbf{m} = \begin{bmatrix} 0,240 & 0 \\ 0 & 0,125 \end{bmatrix} \mathbf{x} = [64,2 \quad 21,2]^{\mathrm{T}}$$

E o total das importações vem $64,2 + 21,2 = 85,4$

Dica
Uma forma de confirmar que os cálculos estão certos é o de comparar os totais do PIB, das importações e da procura final.
$PIB + M = 149,5 + 85, 4 = 234,9 = $ (salvo aproximação numérica) $= 140 + 95 = Y$

Naturalmente, também em termos de variações se verifica a igualdade:
$\Delta PIB + \Delta M = \Delta Y$ ou seja $9,5 + 5,4 = $ (salvo aproximação numérica) $= 15$

Conclusões do exercício
Que poderíamos concluir dos cálculos feitos?

Em primeiro lugar, o aumento de 15 milhões de euros das exportações iria fazer o PIB aumentar 9,5 milhões.

Em segundo lugar que o saldo das exportações – importações que era de -10 milhões de euros (70 – 80) no início, passaria a -0,4 milhões (85,0 – 85,4) após o aumento das exportações.

Note-se que os 15 milhões de aumento das exportações não chegam para colmatar o défice inicial de 10 milhões. Por uma razão muito simples: é que para aumentar as exportações é necessário também aumentar a importação de produtos intermédios.

Mas este tipo de efeito será melhor analisado já a seguir na situação em que dispomos mais informação relativa ao comércio externo.

2ª situação (maior informação)

Na situação anterior exemplificámos o uso do modelo IO que tem utilidade para avaliarmos o impacte do comércio externo sobre a produção. No entanto, embora como se disse, a hipótese básica que foi assumida tenha a sua justificação, está longe de ser satisfatória e trata-se apenas de uma adaptação à insuficiência da informação.

Em certas situações, porém, dispõe-se de mais informação (ver mais adiante, capítulo 6 para o caso português) e nesse caso podemo-nos basear numa hipótese mais realista.

A diferença em relação à informação disponível na situação anterior está em que agora dispomos de informação sobre os destinos das importações de cada produto i e não apenas do seu montante total.

Ou seja, conhecemos, quer os fornecimentos intermédios dos produtos importados (m_{ij} para todos os i e j) quer os fornecimentos para cada componente da procura final (m_{iC}, fornecimentos de produtos importados diretamente consumidos e m_{iI}, o mesmo para o investimento, admitindo-se que não existe importação de produtos diretamente para serem exportados).

Esta informação por destino das importações permite-nos evitar um dos problemas da hipótese anterior. Com efeitos, ao considerarmos os quocientes m_i/x_i como constantes[6], como então fizemos, estamos a arredar uma situação muito frequente que é a destes quocientes aumentarem (ou diminuírem) não por efeitos de uma maior (ou menor) penetração das importações mas porque aumentou (ou diminuiu) o peso na produção dos sectores com proporcionalmente maior recurso a inputs intermédios importados.

A presente hipótese evita este escolho e pode enunciar-se assim.

Hipótese. Os coeficientes $m^{\star}_{ij} \equiv m_{ij}/x_j$, m_{iC} e m_{iI} para todos os i, j não dependem da escala da produção nem de outra variável considerada no modelo.

---

[6] Evidentemente $m_i/(m_i+x_i)$ constante, implica m_i/x_i também constante.

Comentário

Embora sem dúvida mais realista que a hipótese anterior esta hipótese continua a misturar fatores tecnológicos com económicos. Porém, não existe na prática uma alternativa mais realista com a informação que também realisticamente poderemos esperar que está disponível.

Como proceder para calcular os efeitos do comércio externo com o modelo IO
Partimos da seguinte igualdade contabilística que tem a ver com a separação entre fornecimentos intermédios importados e domésticos (isto é, produzidos internamente, designados por x^D_{ij})[7]

$$x_{ij} = x^D_{ij} + m_{ij}$$

Dividindo por x_j temos

$$a_{ij} = a^D_{ij} + m^*_{ij}$$

ou seja, o coeficiente técnico total é a soma do coeficiente técnico doméstico e do coeficiente de importação.

Os coeficientes a^D_{ij} e m^*_{ij} são considerados constantes e tal, como se disse, tal não tem a ver apenas com as condições tecnológicas, mas também com os fatores económicos que possam justificar um maior ou menor recurso à importação.

Por outro lado, no que respeita à procura final (vamos exemplificar apenas para o consumo, para o investimento será semelhante), temos a igualdade contabilística

$$c_i = c^D_{iC} + m_{iC}$$

Dividindo por $C \equiv \sum_{i=1}^{n} c_i$

E designando, para todos os i

$$c_i/C \equiv c^*_i, \quad c^D_{iC}/C \equiv c^{*D}_i \quad \text{e} \quad m_{iC}/C \equiv m^*_{iC}$$

Admitimos estes três tipos de coeficientes constantes tal como os correspondentes coeficientes calculados para o investimento e as exportações.

---

[7] Denominamos "domésticos" em vez de "nacionais" porque a economia em causa poderá não ser a de um país, mas sim a de uma região ou de um espaço integrado de países.

Com estas hipóteses, podemos escrever as equações de balanço relativamente à produção interna na seguinte forma

$$x_i = \sum_{j=1}^{n} a^D_{ij} x_j + c^{*D}_i C + i^{*D}_i I + e_i \quad \text{para todos os i.}$$

Por uma questão de facilidade dos cálculos que faremos a seguir podemos, à semelhança das outras componentes da procura final definir para as exportações os coeficientes

$e^*_i \equiv e_i / E$ em que não é necessário acrescentar o símbolo de "doméstico" porque todos os fornecimentos à exportação são domésticos

As equações de balanço têm então a forma, para todos os i

$$x_i = \sum_{j=1}^{n} a^D_{ij} x_j + c^{*D}_i C + i^{*D}_i I + e^*_i E$$

De forma semelhante à que usámos na situação anterior obtemos o valor do vetor **x** da produção dados os valores das componentes da procura final a partir da equação matricial das equações de balanço

$$\mathbf{x} = \mathbf{A}^D \mathbf{x} + \mathbf{c}^{*D} C + \mathbf{i}^{*D} I + \mathbf{e}^* E$$

Em que $\mathbf{A}^D$ é a matriz de coeficientes técnicos domésticos, $\mathbf{c}^{*D}$, $\mathbf{i}^{*D}$ e $\mathbf{e}^*$ são respetivamente, os vetores dos parâmetros c^{*D}_i, i^{*D}_i e e^*_i e C, I e E são respetivamente o total do consumo, do investimento e das exportações da economia.

Desta equação matricial podemos obter:

$$\mathbf{x} = (\mathbf{I} - \mathbf{A}^D)^{-1} (\mathbf{c}^{*D} C + \mathbf{i}^{*D} I + \mathbf{e}^* E) = (\mathbf{I} - \mathbf{A}^D)^{-1} \mathbf{c}^{*D} C + (\mathbf{I} - \mathbf{A}^D)^{-1} \mathbf{i}^{*D} I + (\mathbf{I} - \mathbf{A}^D)^{-1} \mathbf{e}^* E$$

Que nos dá o impacte sobre a produção das três componentes da procura final.

E quanto ao valor acrescentado?
Note-se em primeiro lugar que tal como no caso da economia fechada os coeficientes de valor acrescentado continuam a ser constantes.

Com efeito o valor acrescentado é definido como o que resta do valor da produção depois de se subtrair o valor de todos os inputs intermédios utilizados, sejam produzidos internamente quer sejam importados. Por isso e à semelhança da economia fechada, o coeficiente de valor acrescentado de cada sector i será obtido pela diferença $1 - \sum_{j=1}^{n} a_{ji}$ em que os a_{ji} são os coeficientes técnicos totais, considerados constantes porque são repartidos na soma dos coeficientes domésticos e dos coeficientes importados, ambos os tipos de coeficientes considerados, por hipótese, constantes.

Então o vetor dos vab setoriais, **vab**, será obtido pela multiplicação matricial

$$\mathbf{vab} = \hat{\mathbf{v}}\mathbf{x} = \hat{\mathbf{v}}(\mathbf{I} - \mathbf{A}^{\mathbf{D}})^{-1}(\mathbf{c}^{*\mathbf{D}}C + \mathbf{i}^{*\mathbf{D}}I + \mathbf{e}^{*}E)$$

Em que $\hat{\mathbf{v}}$ é a matriz diagonal dos coeficientes de vab.

O PIB, naturalmente, será obtido pela multiplicação do vetor linha de unidades pelo vetor do VAB:

$$PIB = \mathbf{u}^{\mathrm{T}}\mathbf{vab} = \mathbf{u}^{\mathrm{T}}\hat{\mathbf{v}}(\mathbf{I} - \mathbf{A}^{\mathbf{D}})^{-1}(\mathbf{c}^{*\mathbf{D}}C + \mathbf{i}^{*\mathbf{D}}I + \mathbf{e}^{*}E)$$

Também podemos obter o valor das importações.

Com efeito, a matriz $\mathbf{M}^{*}$ dos coeficientes m^{*}_{ij}, que já não tem que ser diagonal como a matriz usada na primeira situação, e sendo $\mathbf{m}$ o vetor das importações totais (de produtos intermédios e produtos para utilização final) temos:

$$\mathbf{m} = \mathbf{M}^{*}\mathbf{x} + \mathbf{m}^{*}_{\mathrm{C}}C + \mathbf{m}^{*}_{\mathrm{I}}I$$

em que $\mathbf{m}^{*}_{\mathrm{C}}$ e $\mathbf{m}^{*}_{\mathrm{I}}$ são respetivamente os vetores dos coeficientes m^{*}_{iC} e m^{*}_{iI}, C o total do consumo da economia e I o total do investimento, pelo que o vetor das importações totais é, como não podia deixar de ser, a soma das importações para usos intermédios ($\mathbf{M}^{*}\mathbf{x}$) com o vetor da importação de bens de consumo ($\mathbf{m}^{*}_{\mathrm{C}}C$) e com o vetor da importação de bens de equipamento ($\mathbf{m}^{*}_{\mathrm{I}}I$).

A equação anterior, substituindo $\mathbf{x}$ pelo seu valor obtido na equação também se pode pôr na forma:

$$\mathbf{m} = \mathbf{M}^{*}(\mathbf{I} - \mathbf{A}^{\mathbf{D}})^{-1}(\mathbf{c}^{*\mathbf{D}}C + \mathbf{i}^{*\mathbf{D}}I + \mathbf{e}^{*}E) + \mathbf{m}^{*}_{\mathrm{C}}C + \mathbf{m}^{*}_{\mathrm{I}}I$$

Ou ainda:

$$\mathbf{m} = [\mathbf{M}^{*}(\mathbf{I} - \mathbf{A}^{\mathbf{D}})^{-1}\mathbf{c}^{*\mathbf{D}} + \mathbf{m}^{*}_{\mathrm{C}}]C + [\mathbf{M}^{*}(\mathbf{I} - \mathbf{A}^{\mathbf{D}})^{-1}\mathbf{i}^{*\mathbf{D}} + \mathbf{m}^{*}_{\mathrm{I}}]I + [\mathbf{M}^{*}(\mathbf{I} - \mathbf{A}^{\mathbf{D}})^{-1}\mathbf{e}^{*}]E$$

Claro que, dada a constância de todos os coeficientes envolvidos e portanto a linearidade desta equação, ela é também verificada para variações nas componentes da procura final, ou seja:

$$(2)\quad \Delta\mathbf{m} = [\mathbf{M}^{*}(\mathbf{I} - \mathbf{A}^{\mathbf{D}})^{-1}\mathbf{c}^{*\mathbf{D}} + \mathbf{m}^{*}_{\mathrm{C}}]\Delta C + [\mathbf{M}^{*}(\mathbf{I} - \mathbf{A}^{\mathbf{D}})^{-1}\mathbf{i}^{*\mathbf{D}} + \mathbf{m}^{*}_{\mathrm{I}}]\Delta I + [\mathbf{M}^{*}(\mathbf{I} - \mathbf{A}^{\mathbf{D}})^{-1}\mathbf{e}^{*}]\Delta E$$

Tal como da produção:
$$\Delta x = (I - A^D)^{-1} c^{*D}\Delta C + (I - A^D)^{-1} i^{*}D\Delta I + (I - A^D)^{-1} e^{*}\Delta E$$

E o do vab:
$$(3)\quad \Delta vab = \hat{v}(I - A^D)^{-1}(c^{*D}\Delta C + i^{*D}\Delta I + e^{*}\Delta E)$$

Conteúdos importados e de valor acrescentado
Uma das aplicações mais importantes da análise IO em economia aberta é o do cálculo dos conteúdos de importação, ou seja do valor das importações que é necessário realizar para produzir o valor de uma unidade de cada uma das componentes da procura final quando as outras componentes se mantêm constantes.

A partir da equação 2) é muito fácil calcular os conteúdos importados. Assim, temos:

Conteúdos importados do consumo, investimento e exportações

Para o obter o *conteúdo importado do consumo* fazemos $\Delta C = 1$ e $\Delta I = \Delta E = 0$

E temos conteúdo importado do consumo = $u^T [M^{*}(I - A^D)^{-1}c^{*D} + m^{*}_C]$, em que a pré-multiplicação pelo vetor unitário, u^T, se faz para somar todas as importações sectoriais que são as componentes do vetor que está dentro dos parênteses retos.

Da mesma forma
Com $\Delta I = 1$ e $\Delta C = \Delta E = 0$ obtemos o:
conteúdo importado do investimento = $u^T [M^{*}(I - A^D)^{-1}i^{*D} + m^{*}_I]$

E com $\Delta E = 1$ e $\Delta C = \Delta I = 0$, obtemos o:
conteúdo importado das exportações = $u^T [M^{*}(I - A^D)^{-1} e^{*}]$

Este último conteúdo importado é particularmente interessante porque nos dá o valor que temos de pagar ao exterior por cada unidade de valor que exportamos. Se este conteúdo importado for muito elevado, a economia pouco ganha em termos de balança corrente com o exterior pelo facto de exportar mais.

Conteúdos em valor acrescentado
Podemos obter da equação (3), e com um processo similar, os conteúdos em vab das componentes da procura final. Temos assim:

Conteúdo em vab do consumo $= \mathbf{u}^T\,\hat{\mathbf{v}}(\mathbf{I} - \mathbf{A}^D)^{-1}\,\mathbf{c}^{*D}$

Conteúdo em vab do investimento $= \mathbf{u}^T\,\hat{\mathbf{v}}(\mathbf{I} - \mathbf{A}^D)^{-1}\,\mathbf{i}^{*D}$

Conteúdo em vab das exportações $= \mathbf{u}^T\,\hat{\mathbf{v}}(\mathbf{I} - \mathbf{A}^D)^{-1}\,\mathbf{e}^{*}$

Exercício numérico

Seja a seguinte informação referente a uma economia de dois sectores

$$\mathbf{A}^D = \begin{bmatrix} 0,300 & 0,300 \\ 0,100 & 0,200 \end{bmatrix} \quad \mathbf{M}^{*} = \begin{bmatrix} 0,100 & 0,200 \\ 0,100 & 0,050 \end{bmatrix}$$

$$\mathbf{c}^{*D} = [0,400 \quad 0,200]^T \quad \mathbf{i}^{*D} = [0,700 \quad 0,200]^T \quad \mathbf{e}^{*} = [0,600 \quad 0,400]^T$$

$$\mathbf{m}^{*}_{C} = [0,100 \quad 0,300]^T \quad \mathbf{m}^{*}_{I} = [0,100 \quad 0,000]^T$$

A matriz dos coeficientes de valor acrescentado pode-se calcular das anteriores e é a seguinte

Calculemos os conteúdos importados e de vab:

Conteúdos do consumo:	importado 0,628	vab 0,372
Conteúdos do investimento:	importado 0,433	vab 0,567
Conteúdos das exportações:	importado 0,387	vab 0,613

Note-se que para cada uma das componentes da procura final se tem: conteúdo importado + conteúdo vab = 1

Não é por acaso. A igualdade $PIB = C + I + E - M$ implica que quando uma das componentes aumenta uma unidade e todas as outras se mantêm contantes, também a soma $PIB + M$ aumenta uma unidade, o que implica que para cada componente se tenha a igualdade: conteúdo importado + conteúdo vab = 1.

Exercícios

1. Explique por que razão se tem sempre, como sucede no caso exemplificado:

$$\mathbf{u}^T(\mathbf{c}^{*D} + \mathbf{m}^{*}_{C}) = \mathbf{u}^T(\mathbf{i}^{*D} + \mathbf{m}^{*}_{I}) = \mathbf{u}^T\,\mathbf{e}^{*D} = 1$$

2. Calcule a matriz diagonal dos coeficientes de vab.

3. Calcule os conteúdos de importação e de vab de forma a confirmar os resultados indicados.

4.
O modelo IO, fatores primários e Estado

Para completarmos a estrutura de base do modelo IO, e depois de termos considerado no capítulo anterior as relações económicas com o exterior, vamos agora introduzir na análise os fatores primários e o Estado.

Conforme já referimos no capítulo 2, para além dos inputs intermédios, produzidos na própria economia ou importados, a produção dos diversos setores necessita de fatores, ou inputs, primários, ou seja, o trabalho e o capital. Estes fatores já estão implícitos na análise anterior, através da consideração do valor acrescentado, que constitui a sua remuneração. Vamos agora considerá-los explicitamente, dividindo o VAB em 2 componentes: remunerações do trabalho (ordenados e salários); remunerações do capital (lucros, juros e rendas). Quando introduzirmos o Estado na análise, uma parte do VAB será apropriada por este setor institucional, sob a forma de impostos indiretos (líquidos de subsídios às empresas). Outra consequência da introdução do Estado reflete-se na Procura Final, que agora terá uma nova componente, o Consumo Público.

4.1 FATOR TRABALHO

Em qualquer economia, e também no contexto da Análise IO, o trabalho é um fator essencial à produção, sendo considerado um input primário, no sentido em que não é produzido na economia, mas sim fornecido pelas famílias, através dos serviços de emprego que prestam às empresas, remunerados através de

ANÁLISE INPUT-OUTPUT

uma parte do valor acrescentado bruto, os ordenados e salários (a partir daqui comummente designados como Remunerações do Trabalho).

Assim sendo, o fator trabalho pode ser tratado no modelo IO por duas vias: monetária, através da respetiva remuneração; física, através dos requisitos de mão-de-obra necessários à produção de cada setor, que podem por sua vez ser medidos em número de trabalhadores ou em horas de trabalho (devido às dificuldades de medir com exatidão as segundas, é mais comum a utilização do número de trabalhadores). Daqui decorre que podemos ter no modelo IO dois novos tipos de multiplicador: os multiplicadores de remunerações (do trabalho) e os multiplicadores de emprego.

4.1.1 REMUNERAÇÕES DO TRABALHO

Quanto aos multiplicadores de remunerações do trabalho, a sua dedução é idêntica à dos multiplicadores de valor acrescentado, pois, em bom rigor, aqueles são uma das componentes destes últimos, sendo que a outra componente corresponde, como se disse, desde o capítulo 2, à remuneração do fator capital (o outro grande input primário), normalmente designada no contexto da análise IO por *Excedente Bruto de Exploração*, que pode por sua vez dividir-se em lucros, rendas e juros.

Hipótese sobre as remunerações
Consideremos a seguinte hipótese: o valor das remunerações do trabalho por unidade de valor produzida em cada setor é fixo e independente da escala ou das variações da produção. Se designarmos por W_j o valor total dos salários e ordenados pagos no setor j, (o valor das remunerações do trabalho pagas no setor j, W_j, resulta da multiplicação do salário médio deste setor, w_j, pelo respetivo volume de emprego, l_j, ou seja: $W_j = w_j l_j$) e recordando que o valor da produção deste setor é dado por x_j, podemos definir o seguinte coeficiente de remunerações do trabalho (a partir de agora considerado constante):

$$w^*_j = W_j/x_j; \, j = 1, 2, ..., n;$$

Ou:

$$W_j = w^*_j x_j; \, j = 1, 2, ..., n.$$

50

Os coeficientes de remuneração do trabalho são obtidos dividindo os ordenados e salários de cada setor pelo valor da sua produção e representam as remunerações do trabalho por cada unidade de valor produzida. Assim sendo, para obter o valor das remunerações do trabalho multiplica-se o coeficiente de remunerações do trabalho pelo valor da produção do setor.

Discussão da hipótese

Para avaliarmos o realismo desta hipótese escrevemos cada coeficiente w^*_j como sendo

$$w^*_j = W_j/x_j \equiv w_j\, l_j/x_j \equiv w_j/(x_j/l_j).$$

O quociente (x_j/l_j) representa a produção por trabalhador, ou seja, a *produtividade bruta média do trabalho* no sector j[8].

Se não existirem alterações do preço da produção do sector j, a constância do coeficiente significa que a eventual variação de salários será compensada por uma variação percentual idêntica da produtividade.[9]

Se existir uma variação de preços da produção do sector j (situação que só analisaremos no capítulo 7) então o valor de x_j virá afetado por um índice p_j do preço da sua produção e w^*_j vem dado por

$$w_j^* = \frac{W_j}{p_j x_j} = \frac{w_j l_j}{p_j x_j} = \frac{\dfrac{w_j}{p_j}}{\dfrac{x_j}{l_j}}$$

e portanto haverá constância do coeficiente se o salário real ou seja, o salário deflacionado pelo índice de preços p_j tiver variações percentuais idênticas à

---

[8] Define-se também uma produtividade *líquida* do trabalho de um dado sector como sendo o quociente entre o vab gerado no sector e o emprego desse mesmo sector. Como no nosso modelo IO, pelo menos nesta versão simplificada em que trabalhamos até aqui, o quociente entre vab de um sector e produção desse sector é constante, a análise pode ser prosseguida tanto em termos de produtividade líquida como bruta. Consideramos preferentemente esta porque noutras versões mais complexas do modelo IO já pode não existir uma relação contante entre vab e produção (ver capítulo 12).

[9] É fácil de ver que dadas duas variáveis x e y (esta diferente de 0) o quociente x/y mantém-se constante quando x e y variam se e só se se tiver $\Delta x = kx$ e $\Delta y = ky$ com o mesmo k tal que y+ky ≠ 0.

da produtividade do sector (o caso anterior é um caso especial deste quando a variação de preços é nula e portanto o índice é igual a 1).

Portanto podemos dizer que esta hipótese é realista quando os salários reais dos diferentes sectores variam na mesma medida percentual das respetivas produtividades. Esta situação é verificada aproximadamente em situações de relativo equilíbrio da economia.

Podemos prosseguir com a análise.

Se designarmos por $\widehat{\mathbf{w}}^*$ a matriz diagonal dos coeficientes de remunerações do trabalho $(n \times n)$, e por $\mathbf{W}$ o vetor (coluna) de ordenados e salários dos n setores da economia, temos:

$$\mathbf{W} = \widehat{\mathbf{w}}^* \mathbf{x}.$$

Considerando ainda a solução do modelo IO, deduzida nos capítulos anteriores, temos:

$$\mathbf{W} = \widehat{\mathbf{w}}^* \, (\mathbf{I} - \mathbf{A})^{-1} \, \mathbf{y},$$

Ou:

$$\mathbf{W} = \widehat{\mathbf{w}}^* \, \mathbf{B} \, \mathbf{y}.$$

Esta expressão representa as remunerações do trabalho que é necessário pagar em cada setor para poder fornecer os valores de procura final dirigida a esses setores, dados pelo vetor $\mathbf{y}$. Cada elemento da matriz $\widehat{\mathbf{w}}^* \, \mathbf{B}$ pode ser interpretado como um multiplicador de remunerações do trabalho. Consideremos o elemento genérico $(w_i^* b_{ij})$. Ele dá-nos o valor das remunerações do trabalho pagas no setor i, para assegurar o fornecimento de uma unidade de valor da procura final dirigida ao setor j, tendo em conta não só o fornecimento direto do produto i ao setor j, mas também todos os fornecimentos indiretos e induzidos do setor i a todos os outros setores fornecedores de j. É justamente este, como já referimos, o grande valor acrescentado da análise IO, ter em conta não só as relações diretas entre os setores, mas todas as relações, diretas e indiretas.

Matricialmente, as relações atrás descritas são as seguintes (continuando com a nossa "economia" de 2 setores):

$$\begin{bmatrix} W_1 \\ W_2 \end{bmatrix} = \begin{bmatrix} w_1^* & 0 \\ 0 & w_2^* \end{bmatrix} \begin{bmatrix} x_1 \\ x_2 \end{bmatrix}$$

$$\begin{bmatrix} W_1 \\ W_2 \end{bmatrix} = \begin{bmatrix} w_1^* & 0 \\ 0 & w_2^* \end{bmatrix} \begin{bmatrix} b_{11} & b_{12} \\ b_{21} & b_{22} \end{bmatrix} \begin{bmatrix} y_1 \\ y_2 \end{bmatrix}$$

$$\begin{bmatrix} W_1 \\ W_2 \end{bmatrix} = \begin{bmatrix} w_1^* b_{11} & w_1^* b_{12} \\ w_2^* b_{21} & w_2^* b_{22} \end{bmatrix} \begin{bmatrix} y_1 \\ y_2 \end{bmatrix}$$

Com $\mathbf{y} = \begin{bmatrix} 1 \\ 0 \end{bmatrix}$, temos: $\mathbf{W} = \begin{bmatrix} w_1^* b_{11} \\ w_2^* b_{21} \end{bmatrix}$, sendo cada um dos elementos deste vetor um multiplicador de remunerações do trabalho, como atrás referido.

4.1.2 EMPREGO E QUALIFICAÇÕES

Vamos agora considerar o fator trabalho, não do ponto de vista monetário, da sua remuneração, mas sim do ponto de vista físico, dos serviços de trabalho fornecidos pelas famílias às empresas, medidos em número de trabalhadores ou em horas de trabalho. A análise é em tudo similar à anterior, desde logo a hipótese de que os requisitos em trabalho por unidade produzida são fixos e constantes.

Sendo l_j a quantidade de trabalho usada no setor j para a sua produção, dada por x_j podem definir-se os chamados coeficientes de emprego como:

$l_j^* = l_j / x_j$, para j = 1, 2, ..., n

Como podemos facilmente constatar, estes coeficientes de emprego são os recíprocos das produtividades médias.

Sendo $\hat{\mathbf{l}}^*$ a matriz diagonal de coeficientes de emprego e $\mathbf{l}$ o vetor (coluna) de quantidades de emprego dos n setores da economia, verificam-se as seguintes relações:

$\mathbf{l} = \hat{\mathbf{l}}^* \mathbf{x}.$

$\mathbf{l} = \hat{\mathbf{l}}^* \mathbf{B} \mathbf{y}.$

Neste caso, cada elemento da matriz $\hat{\mathbf{l}}^* \mathbf{B}$ é um multiplicador de emprego, correspondendo o elemento genérico $(l_i^* b_{ij})$ ao emprego necessário no setor i para assegurar o fornecimento de uma unidade de valor da procura final dirigida ao setor j.

Em termos matriciais, estas relações podem representar-se da seguinte forma:

$$\begin{bmatrix} l_1 \\ l_2 \end{bmatrix} = \begin{bmatrix} l_1^* & 0 \\ 0 & l_2^* \end{bmatrix} \begin{bmatrix} x_1 \\ x_2 \end{bmatrix}$$

$$\begin{bmatrix} l_1 \\ l_2 \end{bmatrix} = \begin{bmatrix} l_1^* & 0 \\ 0 & l_2^* \end{bmatrix} \begin{bmatrix} b_{11} & b_{12} \\ b_{21} & b_{22} \end{bmatrix} \begin{bmatrix} y_1 \\ y_2 \end{bmatrix}$$

$$\begin{bmatrix} l_1 \\ l_2 \end{bmatrix} = \begin{bmatrix} l_1^* b_{11} & l_1^* b_{12} \\ l_2^* b_{21} & l_2^* b_{22} \end{bmatrix} \begin{bmatrix} y_1 \\ y_2 \end{bmatrix}$$

Com $y = \begin{bmatrix} 1 \\ 0 \end{bmatrix}$, temos: $l = \begin{bmatrix} l_1^* b_{11} \\ l_2^* b_{21} \end{bmatrix}$, sendo cada um dos elementos deste vetor um multiplicador de emprego, cujo significado foi acima explicitado.

Note-se que este resultado só pode ser obtido admitindo que os coeficientes de emprego (e portanto as produtividades médias) se mantêm constantes. Como nas economias modernas as produtividades tendem a aumentar, também aqui é aconselhável admitir esta hipótese apenas em estudos de curto prazo ou de diferentes alternativas para o mesmo ano.

Esta forma de tratar o emprego setorial no modelo IO pode facilmente estender-se ao tratamento do emprego por níveis de qualificação (é mais um exemplo da "construção Lego").

Vamos supor que existem 3 níveis de qualificação do trabalho na economia: 1 – primária (ensino básico); 2 – secundária (ensino secundário e técnico-profissional); 3 – superior (ensino superior, politécnico e universitário), sendo q_{kj} o número de trabalhadores de qualificação k empregados no setor j, com $k = 1, 2, 3$, e $j = 1, 2, ..., n$. Se considerarmos constantes os requisitos de emprego de cada nível de qualificação por unidade produzida, podemos construir os respetivos coeficientes de emprego por nível de qualificação: $q^*_{kj} = q_{kj}/x_j$.

Sendo $\mathbf{Q}^*$ a matriz de coeficientes de emprego por níveis de qualificação $(3 \times n)$, e $\mathbf{Q}$ a matriz de empregos setoriais por níveis de qualificação (de dimensão igualmente $3 \times n$), verificam-se as seguintes relações:

$$\mathbf{Q} = \mathbf{Q}^* \, \widehat{\mathbf{X}}$$

$$\mathbf{Q} = \mathbf{Q}^* \, \widehat{\mathbf{B} \, \mathbf{y}}$$

Para o caso de existirem apenas 2 setores na economia, e em representação matricial extensiva, teremos:

$$\begin{bmatrix} q_{11} & q_{12} \\ q_{21} & q_{22} \\ q_{31} & q_{32} \end{bmatrix} = \begin{bmatrix} q_{11}^* & q_{12}^* \\ q_{21}^* & q_{22}^* \\ q_{31}^* & q_{32}^* \end{bmatrix} \begin{bmatrix} x_1 & 0 \\ 0 & x_2 \end{bmatrix}$$

$$\begin{bmatrix} q_{11} & q_{12} \\ q_{21} & q_{22} \\ q_{31} & q_{32} \end{bmatrix} = \begin{bmatrix} q_{11}^* & q_{12}^* \\ q_{21}^* & q_{22}^* \\ q_{31}^* & q_{32}^* \end{bmatrix} \begin{bmatrix} b_{11}y_1 + b_{12}y_2 & 0 \\ 0 & b_{21}y_1 + b_{22}y_2 \end{bmatrix}$$

$$\begin{bmatrix} q_{11} & q_{12} \\ q_{21} & q_{22} \\ q_{31} & q_{32} \end{bmatrix} = \begin{bmatrix} q_{11}^*(b_{11}y_1 + b_{12}y_2) & q_{12}^*(b_{21}y_1 + b_{22}y_2) \\ q_{21}^*(b_{11}y_1 + b_{12}y_2) & q_{22}^*(b_{21}y_1 + b_{22}y_2) \\ q_{31}^*(b_{11}y_1 + b_{12}y_2) & q_{32}^*(b_{21}y_1 + b_{22}y_2) \end{bmatrix}$$

Como conclusão final desta seção convém lembrar que em termos de eficiência económica e aumento do bem estar e da qualidade de vida média de um país ou região, é muito importante que a produtividade do trabalho (bruta e líquida) dos setores, e da economia no seu todo, vá aumentando de forma sustentada ao longo do tempo. Mas é crucial que esse aumento seja devido ao crescimento económico (aumento do numerador) e não à destruição líquida de emprego, ou seja, à diminuição do denominador, caso em que a eficiência económica se deve ao (e é geradora de) aumento do desemprego e desperdício de recursos humanos.

Voltaremos a utilizar conceitos relativos ao trabalho e sua remuneração no capítulo 7 para o estudo das questões de preços no modelo IO.

4.2 FATOR CAPITAL

Vamos agora tratar explicitamente o fator primário capital, no contexto da Análise IO. Contrariamente ao caso do fator trabalho, consideraremos o capital apenas na sua dimensão monetária, porque é muito complicado tratá-lo (e ainda mais complicado, para não dizer, impossível, medi-lo) em termos de unidades físicas.

Genericamente, pode considerar-se que este fator engloba o capital produtivo, as operações financeiras associadas à produção de bens e serviços e a terra, sendo estes fatores genericamente remunerados através dos lucros, dos juros e das rendas, respetivamente. Ao que acresce a componente que equivale à depreciação física e tecnológica dos equipamentos e dos edifícios, designada por consumo de capital fixo. Para simplificar, é comum na Análise IO englobar todos estes rendimentos decorrentes da remuneração num só, designado por Excedente Bruto de Exploração, ou EBE, sendo esta uma das componentes principais do VAB. É o que faremos na formalização que se segue, e que parte da hipótese, agora já comum e bem conhecida, de que os rendimentos de capital por unidade produzida, a que chamaremos "coeficientes de EBE", são constantes.

Se designarmos por ebe_j o Excedente Bruto de Exploração do setor j, podemos então calcular o respetivo coeficiente:

$ebe^*_j = ebe_j / x_j$ para $j = 1, 2, ..., n$.

A dedução dos multiplicadores de EBE é em tudo similar à dos multiplicadores de remunerações do trabalho, i.e.:

ebe = $\widehat{ebe}^*$x.

ebe = $\widehat{ebe}^*$ B y,

Em que: **ebe** é o vetor (coluna) dos *EBEs* de todos os setores da economia; $\widehat{ebe}^*$ é a matriz diagonal que tem na diagonal principal os coeficiente de EBE. Deixa-se ao leitor o exercício de representação matricial extensiva destas relações, e a interpretação dos respetivos multiplicadores, para o caso de uma economia simples com apenas dois setores.

No que se refere ao capital, tal como dissemos para o trabalho, teremos oportunidade de utilizar este conceito de Excedente Bruto de Exploração no capítulo 7 para ilustrar a utilização do modelo IO na determinação dos preços de produção.

Por outro lado, no capítulo 8 quando abordarmos o crescimento económico do ponto de vista da Análise IO tornaremos a falar do capital como factor essencial ao crescimento.

4.3 O ESTADO

A introdução do Estado (ou Setor Público) no Modelo IO implica duas alterações importantes: uma no "bloco" da Procura Final, também conhecido como 2º Quadrante do Quadro IO (o significado do termo "quadrante" será explicitado mais à frente e tem a ver com a apresentação, como quadros, das matrizes de relações entre setores e procura final); outra no "bloco" do Valor Acrescentado, ou 3º Quadrante (sendo que o 1º Quadrante do Quadro IO é o dos chamados fluxos, consumos, ou inputs intermédios).

4.3.1 O CONSUMO PÚBLICO

No caso da Procura Final, a alteração a fazer diz respeito à separação do Consumo Final em Consumo Privado e Consumo Público. O Consumo Privado é como se viu o consumo das famílias, e será a partir daqui designado por C (Consumo Privado total), c_i (fornecimentos do setor i para Consumo Privado) ou **c** (vetor coluna dos fornecimentos de bens e serviços dos n setores da economia para Consumo Privado). O Consumo Público corresponde aos bens e serviços fornecidos pelo Estado às famílias e às empresas, nomeadamente educação, saúde, cultura, segurança interna, defesa, etc. (é importante ter em conta que as despesas do Estado com a proteção social, i.e., pensões, subsídios de desemprego, rendimento social de inserção, abono de família, não estão incluídas no Consumo Público). Designaremos por G o valor total desta variável, por g_i os fornecimentos do setor i para Consumo Público e por **g** o vetor (coluna) de fornecimentos setoriais para consumo público. Uma das hipóteses comuns na Análise IO é a de que, à semelhança dos coeficientes técnicos e de remunerações dos inputs primários, também os coeficientes (verticais) de procura final são constantes, entendendo-se estes coeficientes como o rácio entre o fornecimento de um setor para uma dada categoria de Procura Final e o respetivo valor total dessa componente. Assim sendo, teremos a partir de agora não um, mas dois vetores de coeficientes de consumo final: **c***, de elemento genérico c_i/C e **g***, de elemento genérico g_i/G.

4.3.2 OS IMPOSTOS INDIRETOS LÍQUIDOS DE SUBSÍDIOS

A segunda alteração ao modelo IO decorrente da consideração do Estado na análise diz respeito ao 3º Quadrante, referente aos rendimentos dos fatores primários e inputs importados. Embora o Estado não seja um fator primário propriamente dito, não deixa de ser importante, ou mesmo imprescindível,

ANÁLISE INPUT-OUTPUT

à produção e circulação de valor numa economia, através das suas diversas funções, económicas e não económicas, designadamente o fornecimento de infraestruturas, garantia dos direitos de propriedade, manutenção da ordem pública, garantia de defesa externa, provisão de serviços básicos, etc.

Para financiar a sua atividade, o Estado apropria-se de uma parte do valor acrescentado gerado na economia, sendo uma das componentes deste financiamento a fiscalidade indireta, que incide sobre a produção das empresas (p. ex., o imposto de circulação e os impostos sobre atividades poluentes) e sobre o consumo de bens e serviços (IVA e impostos especiais sobre certos produtos, por exemplo, combustíveis, álcool, tabaco). O valor destes impostos, líquido dos subsídios que o Estado concede a algumas atividades produtivas (sobretudo a agricultura) – que designaremos por $(T\text{–}Z)$ – é registado no 3º Quadrante do Quadro IO, juntamente com as remunerações do trabalho (w) e do capital (EBE) e os inputs importados (m).

Se considerarmos que os impostos indiretos, líquidos de subsídios, são uma percentagem fixa, e constante, do valor da produção de cada sector (ou seja, que não existem alterações da política fiscal neste domínio), podemos calcular os respetivos coeficientes (verticais) e em seguida deduzir os respetivos multiplicadores, de forma análoga à das restantes componentes do VAB.

$$(t\text{-}z)^{*}_{j} = (t\text{-}z)\big/x_{j}, \ para\ j = 1, 2, ..., n$$

$$(\mathbf{t} - \mathbf{z}) = (\widehat{\mathbf{t} - \mathbf{z}})^{*}\mathbf{x}.$$

$$(\mathbf{t} - \mathbf{z}) = (\widehat{\mathbf{t} - \mathbf{z}})^{*}\ \mathbf{B\ y},$$

Em que: $(\mathbf{t} - \mathbf{z})$ é o vetor (coluna) dos impostos indiretos (líquidos) de todos os setores da economia; $(\widehat{\mathbf{t} - \mathbf{z}})^{*}$é a matriz diagonal que tem na diagonal principal os coeficientes de (T-Z). Mais uma vez, deixa-se ao leitor o exercício de representação matricial extensiva destas relações, e a interpretação dos respetivos multiplicadores, para o caso de uma economia simples com apenas dois setores.

Note-se que a existência de impostos indiretos e subsídios tem consequências na forma de avaliar os fluxos das matrizes, podendo utilizar-se matrizes em que os fluxos são avaliados a preços de aquisição ou, em alternativa, a preços de base, como se verá já a seguir.

4.4 O MODELO IO COMPLETO

Vamos agora apresentar o Modelo IO completo e fazer a sua dedução matricial, distinguindo duas situações:

i) com os fluxos intersectoriais e finais totais (produzidos internamente + importados), valorizados a *preços de aquisição* ou *preços de mercado* (ou seja, incluindo todos os impostos indiretos, líquidos de subsídios, bem como as margens de distribuição);

ii) com os fluxos intersectoriais e finais domésticos ou nacionais (apenas os produzidos internamente), valorizados a *preços de base* (ou seja, excluindo a fiscalidade indireta líquida de subsídios sobre os produtos, mas incluindo a que incide sobre a produção[10], e excluindo também as margens de distribuição).

Até aqui, abordámos as questões de forma intencionalmente simplificada. É a altura de apresentarmos o quadro de referência IO mais próximo daquele que encontramos nas estatísticas oficiais publicadas.

4.4.1 MATRIZ DE TRANSAÇÕES TOTAIS (FLUXOS DOMÉSTICOS + IMPORTADOS) A PREÇOS DE AQUISIÇÃO

Na Matriz de Transações Totais, a preços de aquisição (MTTpa), os consumos/ /fornecimentos intermédios e as utilizações/fornecimentos para a procura final correspondem à soma dos fluxos domésticos/nacionais e dos fluxos importados. Estes fluxos estão valorizados a preços de aquisição, ou seja, incluem os impostos indiretos líquidos de subsídios e as margens de distribuição (comerciais e de transporte). Para o caso de apenas dois sectores (S_1 e S_2) esta matriz pode representar-se da seguinte forma:

---

[10] É comum designar por TIP os impostos indiretos líquidos de subsídios que incidem sobre os produtos e por TILP os que estão ligados à produção. Os impostos indiretos ligados à produção distinguem-se dos impostos indiretos sobre os produtos por não poderem ser atribuídos a uma determinada quantidade produzida de um produto individual, mas incidirem sobre a atividade produtiva de uma empresa (ou de um ramo de atividade) no seu conjunto. Os TILP estão incluídos nos *preços de base*, mas os TIP não.

ANÁLISE INPUT-OUTPUT

	S1	S2	F.I.^{T}	C	G	I	E	UT
S1	x^T_{11}	x^T_{12}	x^T_{10}	c^T_1	g^T_1	i^T_1	e^T_1	ut_1
S2	x^T_{21}	x^T_{22}	x^T_{10}	c^T_2	gT_2	i^T_2	e^T_2	ut_2
C.I.^{T}	x^T_{01}	x^T_{02}	x^T_{00}	C	G	I	E	ut
W	w_1	w_2	w^T					
EBE	ebe_1	ebe_2	ebe^T					
TILP	$tilp_1$	$tilp_2$	$tilp^T$					
VAB	v_1	v_2	vT					
X'	x_1	x_2	x^T					
M'	m^T_1	m^T_2	m^T					
Margens	$m.d._1$	$m.d._2$	$m.d.^T$					
TIP	tip_1	tip_2	tip^T					
RT	rt_1	rt_2	rt					

Em que, para além da simbologia já apresentada até aqui, temos ainda:

UT (Utilizações Totais) = RT (Recursos Totais) = X + M + Margens + TIP

$VAB = W + EBE + TILP$

$tilp_j$ = impostos indiretos líquidos de subsídios ligados à produção de j

m^T_j = importações totais do produto j (para utilizações intermédias e finais)

$m.d._j$ = margens de distribuição do produto j

tip_j = impostos indiretos líquidos de subsídios sobre o produto j

Em termos de tratamento e resolução matricial do modelo IO baseado numa matriz de fluxos totais a preços de aquisição, as matrizes de coeficientes (verticais) de inputs intermédios, de valor acrescentado e de importações devem ser calculadas em função dos Recursos Totais de cada produto (no denominador). A solução matricial do modelo virá então (recordar Capítulo 2):

$$\mathbf{rt} = (\mathbf{I} - \mathbf{A^T})^{-1}\,\mathbf{y^T}, \text{ ou } \mathbf{rt} = \mathbf{B^T}\,\mathbf{y^T}$$

em que: o vetor **rt** dos recursos totais é a soma dos seguintes vetores: **x** da produção interna, **m** das importações, **m.d.** das margens de distribuição e **tip** dos impostos indiretos (líquidos) sobre os produtos; o vetor y^T representa o valor total de utilizações finais de cada produto (de fornecimento doméstico + importadas); a matriz A^T tem como elemento genérico $a^T_{ij} = x^T_{ij}/rt_j$. Por sua vez, o cálculo dos valores dos inputs primários e das importações faz-se através da pré-multiplicação dos coeficientes respetivos pelos valores de recursos totais setoriais, dados pela expressão anterior.

Exemplo numérico:

Vamos em seguida apresentar um exemplo numérico de MTTpa, aproveitando para ilustrar com o caso português, dado que os valores seguintes foram retirados dos quadros IO fornecidos pelo INE, para 2013. Nesta matriz, a economia é dividida em 3 setores: S1 – Agricultura (que inclui também a silvicultura e a pesca); S2 – Indústria (extrativa e transformadora, e também a Construção); S3 – Serviços.

Matriz de Transações Totais, a preços de aquisição – Portugal 2013

Unidade: Milhões de euros

	S1 - Agr.	S2 - Ind.	S3 - Ser.	X^T_{IO}	C	G	I	Ex	Y	UTL. TOT
S1 - Agr.	1 023,3	6 284,8	530,0	*7 838,1*	4 666,0	0,4	561,2	1 028,7	*6 256,3*	14 094,5
S2 - Ind.	2 669,9	68 580,4	21 213,8	*92 464,0*	50 371,5	1 615,8	17 909,6	47 034,0	*116 930,9*	209 395,0
S3 - Ser.	576,0	10 505,8	46 708,8	*57 790,6*	62 224,9	30 884,4	6 442,9	11 065,2	*110 617,4*	168 408,0
X^T_{Oj}	*4 269,2*	*85 371,0*	*68 452,6*	*158 092,8*	*117 262,4*	*32 500,6*	*24 913,8*	*59 127,8*	*233 804,6*	*391 897,4*
W	841,9	16 501,2	58 936,8	*76 279,9*						
EBE	3 196,9	14 948,8	55 307,8	*73 453,6*						
TILP	-722,1	377,0	380,0	*34,9*						
VAB p.b.	*3 316,7*	*31 827,0*	*114 624,6*	*149 768,4*						
Prod. p.b.	*7 585,9*	*117 198,0*	*183 077,2*	*307 861,2*						
Import.	3 285,5	53 942,1	6 307,7	*63 535,3*						
Marg. dist.	3 128,5	24 773,7	-27 902,2	*0,0*						
TIP	94,6	13 481,1	6 925,2	*20 500,9*						
REC TOT.	14 094,5	209 395,0	168 408,0	*391 897,4*						

Fonte: INE

Coeficientes verticais:

	S1 - Agricultura	S2 - Indústria	S3 - Serviços
S1 - Agricultura	0,0726	0,0300	0,0031
S2 - Indústria	0,1894	0,3275	0,1260
S3 - Serviços	0,0409	0,0502	0,2774
W	0,0597	0,0788	0,3500
EBE	0,2268	0,0714	0,3284
TILP	-0,0512	0,0018	0,0023
Importações	0,2331	0,2576	0,0375
Margens de distribuição	0,2220	0,1183	-0,1657
TIP	0,0067	0,0644	0,0411
Recursos Totais	1,0000	1,0000	1,0000

Antes de prosseguirmos, convém dar uma explicação sobre as margens de distribuição. A linha "Margens de Distribuição" referente aos setores S1 e S2 dá-nos os valores respetivos das margens comerciais e de transporte incluídas no valor final das vendas dos produtos desses sectores e que, naturalmente, oneram os preços de aquisição. No que se refere ao valor negativo para S3 tal resulta, evidentemente, do facto de o comércio fazer parte deste grande sector e portanto o valor das margens de distribuição já estar incluído na produção do S3 (por via do comércio), pelo que se não se deduzisse iria duplicar os valores das linhas correspondentes ao S1 e S2.

Solução matricial (sugere-se, como exercício para melhor compreensão do modelo IO, que o leitor veja com atenção e confirme estes resultados):

$$\mathbf{rt = B^T y}$$

$$\begin{bmatrix} 104094,5 \\ 209395,0 \\ 168408,0 \end{bmatrix} = \begin{bmatrix} 1,0890 & 0,0496 & 0,0134 \\ 0,3225 & 1,5213 & 0,2666 \\ 0,0840 & 0,1084 & 1,4031 \end{bmatrix} \begin{bmatrix} 6256,3 \\ 116930,9 \\ 110617,4 \end{bmatrix}$$

$$\mathbf{W = \widehat{W}^* \, B^T \, y}$$

$$\begin{bmatrix} 841,9 \\ 16501,2 \\ 58936,8 \end{bmatrix} = \begin{bmatrix} 0,0597 & 0 & 0 \\ 0 & 0,0788 & 0 \\ 0 & 0 & 0,3500 \end{bmatrix} \begin{bmatrix} 1,0890 & 0,0496 & 0,0134 \\ 0,3225 & 1,5213 & 0,2666 \\ 0,0840 & 0,1084 & 1,4031 \end{bmatrix} \begin{bmatrix} 6256,3 \\ 116930,9 \\ 110617,4 \end{bmatrix},$$

ou

$$\begin{bmatrix} 841,9 \\ 16501,2 \\ 58936,8 \end{bmatrix} = \begin{bmatrix} 0,0650 & 0,0030 & 0,0008 \\ 0,0254 & 0,1199 & 0,0210 \\ 0,0294 & 0,0380 & 0,4910 \end{bmatrix} \begin{bmatrix} 6256,3 \\ 116930,9 \\ 110617,4 \end{bmatrix}.$$

O cálculo das restantes componentes do VAB (EBE e TILP), bem como das importações, margens de distribuição e TIP, faz-se de forma similar ao cálculo dos salários e deixa-se como exercício ao leitor.

Vamos agora apresentar a matriz de produção nacional a preços de base.

4.4.2 A MATRIZ DE PRODUÇÃO NACIONAL (FLUXOS DOMÉSTICOS/NACIONAIS) A PREÇOS DE BASE

A Matriz de Produção Nacional, a preços de base (MPNpb) regista os fluxos intersectoriais e finais com origem nos setores domésticos/nacionais, e os inputs primários necessários à produção total destes setores. É o quadro mais importante da análise IO, porque é o que melhor serve os propósitos analíticos de avaliação de impactos de medidas de política económica (por exemplo, orçamentais) na economia nacional (na produção, no valor acrescentado, nas importações, no emprego, etc.). Demos alguns exemplos de utilização simplificada no capítulo 2. Por este motivo, vamos dar-lhe uma atenção particular e cuidadosa na apresentação que se segue.

Desde logo, é importante realçar mais uma vez os dois procedimentos básicos necessários para passar da MTTpa à MPNpb. O primeiro tem a ver com a passagem de fluxos totais para fluxos domésticos. Neste caso, é necessário dispor da chamada Matriz de Importações, ou seja, dos consumos intermédios importados de cada ramo de atividade, por tipo de produto e das importações diretas para cada uma das componentes da Procura Final, por tipo de produto. Se subtrairmos aos fluxos intermédios e finais (totais) da MTTpa os fluxos importados, ficamos com uma Matriz de Produção Nacional a preços de aquisição (MPNpa). O segundo procedimento tem a ver com a passagem de preços de aquisição a preços de base. Para isso, é necessário dispor de fluxos detalhados/Matrizes (para cada tipo de produto fornecido e utilização respetiva, quer intermédia, quer final) de Impostos indiretos líquidos de subsídios sobre os produtos (IVA e outros TIP) e de Margens de Distribuição. Se subtrairmos estes fluxos aos valores da MPNpa ficaremos então com fluxos domésticos a preços de base, ou seja, com a MPNpb.

Como veremos mais adiante (Capítulo 6), estas matrizes (de Importações, de TIPs e de Margens de Distribuição), pela morosidade do trabalho estatístico de recolha e tratamento de dados a que obrigam e pelos elevados custos associados, só são normalmente construídas, e disponibilizadas pelo INE, de 5 em 5 anos. Veremos também que a própria MTTpa, de cálculo mais fácil, não é fornecida numa base anual, sendo apenas fornecido todos os anos o chamado Quadro de Recursos e Utilizações, a partir do qual os Quadros IO se podem construir, com o recurso a algumas hipóteses simplificadoras que serão nesse capítulo explicadas.

Voltando à MPNpb, graficamente, e em termos sintéticos, ela pode ser representada através da consideração dos 4 Quadrantes em que se pode dividir:

Estrutura simplificada da Matriz de Produção Nacional a preços de base

	Setores	Procura Final	Total
Setores	1º Quadrante	2º Quadrante	
	X	Y	x
VAB	3º Quadrante	4º Quadrante	
	V	Z	v
Total	x'	y'	

No primeiro quadrante (a que simbolicamente se atribui a letra X, de x_{ij}) registam-se os fluxos intersectoriais (consumos intermédios) com origem doméstica/nacional. É o quadrante mais importante da MPNpb, porque permite medir as interdependências diretas e indiretas dos setores produtivos de uma economia. No segundo quadrante (letra Y), registam-se os fornecimentos domésticos para procura final (C, G, I e Ex). Ao terceiro quadrante (letra V), corresponde o valor acrescentado bruto (remunerações do trabalho, rendimentos do capital, fiscalidade indireta líquida e inputs importados). O quarto quadrante (letra Z), é uma espécie de quadrante de equilíbrio, e nele são registados os impostos indiretos líquidos de subsídios que incidem diretamente nos bens e serviços finais e os produtos importados diretamente para a procura final (sobretudo consumo privado e investimento). A estes quatro quadrantes corresponderão, no exemplo numérico abaixo apresentado, quatro matrizes de coeficientes verticais: 1° Q – A: coeficientes técnicos (em rigor, deveria colocar-se A^D, de fluxos <u>D</u>omésticos, mas o D omite-se, por simplificação, e sempre que estejamos no contexto da MPNpb, os fluxos em causa são os domésticos); 2° Q – A^Y: coeficientes de Procura Final; 3° Q – A^V: coeficientes de valor acrescentado; 4° Q – A^Z: coeficientes de inputs primários para Procura Final.

Em termos detalhados, a representação gráfica da MPNpb é a seguinte:

Matriz de Produção Nacional a preços de base

	S2	S2	F.I.^{D}	C	G	I	E	X
S1	x^D_{11}	x^D_{12}	x^D_{10}	c^D_1	g^D_1	i^D_1	e^D_1	x_1
S2	x^D_{21}	x^D_{22}	x^D_{20}	c^D_2	g^D_2	i^D_2	e^D_2	x_2
C.I.^{D}	x^D_{01}	x^D_{02}	x^D_{00}	C^D	G^D	I^D	E^D	ut
W	w_1	w_2	w	0	0	0	0	W
EBE	ebe_1	ebe_2	w	0	0	0	0	EBE
(T-Z)	$(t\text{-}z)_1$	$(t\text{-}z)_2$	$(t\text{-}z)_{C.I.}$	$(t\text{-}z)_C$	$(t\text{-}z)_G$	$(t\text{-}z)_I$	$(t\text{-}z)_E$	T-Z
M	m_1	m_2	$m_{C.I.}$	m_C	m_G	m_I	m_E	M
X'	X_1	X_2		C	G	I	E	

É de notar que:

m_j = inputs intermédios importados pelo setor j (de todos os produtos transacionáveis com o exterior);

m_k *(para k = C, G, I, E)* = importações de produtos diretamente para procura final;

$(t\text{-}z)_j = tilp_j + tip_j$ (embora o INE apresente a MPNpb de 2013, para o caso português, com estes dois tipos de impostos indiretos em linhas separadas, na matriz agregada que a seguir apresentamos juntamo-los numa linha

ANÁLISE INPUT-OUTPUT

única, porque isso facilita o cálculo dos impactos de variações da procura final na fiscalidade indireta[11]);

$(t-z)_k$ (para $k = C, G, I, E$) = impostos indiretos, líquidos de subsídios, que incidem sobre os produtos da Procura Final.

Exemplo numérico:
Vamos agora apresentar um exemplo de MPNpb, recorrendo à matriz correspondente ao caso português, para o ano de 2013, recentemente construída pelo INE, e disponível no site desta instituição. Mais uma vez, para fins pedagógicos, e por facilidade de cálculo, trabalha-se com uma matriz agregada a 3 setores (Agricultura; Indústria e Construção e Serviços):

Matriz de Produção Nacional a preços de base – Portugal, 2013

Unidade: Milhões de euros

	S1 - Agr.	S2 - Ind.	S3 - Ser.	FI^{p}_{oj} pb	C	G	I	Ex	Y	Xi
S1 - Agr.	637,6	3 577,5	244,9	*4 459,9*	1 590,3	0,0	733,2	802,5	*3 126,0*	7 585,9
S2 - Ind.	1 728,6	33 478,9	11 101,0	*46 308,5*	15 694,1	528,9	11 887,1	42 779,3	*70 889,5*	117 198,0
S3 - Ser.	892,5	14 174,5	43 678,0	*58 745,0*	73 551,2	31 305,7	6 449,2	13 026,2	*124 332,2*	183 077,2
CI^{p}_{oj} pb	*3 258,6*	*51 230,9*	*55 023,9*	*109 513,5*	*90 835,5*	*31 834,6*	*19 069,5*	*56 608,1*	*198 347,7*	307 861,2
W	841,9	16 501,2	58 936,8	*76 279,9*	0,0	0,0	0,0	0,0	*0,0*	76 279,9
EBE	3 196,9	14 948,8	55 307,8	*73 453,6*	0,0	0,0	0,0	0,0	*0,0*	73 453,6
T-Z	-461,8	1 267,2	4 477,9	*5 283,3*	14 070,1	65,1	1 066,6	50,7	*15 252,6*	20 535,9
M	750,4	33 249,8	9 330,8	*43 331,0*	12 356,7	600,9	4 777,6	2 469,0	*20 204,3*	63 535,3
Xj	7 585,9	*117 198,0*	*183 077,2*	*307 861,2*	117 262,4	32 500,6	24 913,8	59 127,8	*233 804,6*	541 665,8

As matrizes de coeficientes verticais, acima descritas, essenciais para a resolução do modelo e para o cálculo de multiplicadores e outros indicadores económicos relevantes, são as seguintes (mais uma vez, sugere-se ao leitor o cálculo e confirmação destes valores, e dos que a seguir se apresentam, baseados neles):

---

[11] Note-se que na MTTpa acima apresentada, os TILP aparecem explicitados numa linha autónoma. Mas deve ter-se em conta que os TIP que aparecem nesta matriz são diferentes dos que constam do 3º quadrante da MPNpb. No primeiro caso, temos os TIP que incidem sobre todos produtos, quer sejam consumidos no processo produtivo dos ramos de atividade, quer sejam utilizados na procura final. No segundo caso, temos só os TIP que incidem nos consumos intermédios dos ramos, porque os que incidem sobre a procura final aparecem no 4º quadrante da MPNpb.

Matriz A

	S1 - Agr.	S2 - Ind.	S3 - Ser.
S1 - Agricultura	0,0840	0,0305	0,0013
S2 - Indústria	0,2279	0,2857	0,0606
S3 - Serviços	0,1177	0,1209	0,2386

Matriz A^Y

	C	G	I	Ex
S1 - Agricultura	0,0136	0,0000	0,0415	0,0136
S2 - Indústria	0,1338	0,0163	0,4630	0,7235
S3 - Serviços	0,6272	0,9632	0,2649	0,2203

Matriz A^V

	S1 - Agr.	S2 - Ind.	S3 - Ser.
wj	0,1110	0,1408	0,3219
ebej	0,4214	0,1276	0,3021
(t-z)j	-0,0609	0,0108	0,0245
mj	0,0989	0,2792	0,6485

Matriz A^Z

	C	G	I	Ex
wj	0,0000	0,0000	0,0000	0,0000
ebej	0,0000	0,0000	0,0000	0,0000
(t-z)j	0,1200	0,0020	0,0455	0,0009
mj	0,1054	0,0185	0,1851	0,0418

Com base na Matriz **A**, é possível calcular a Matriz de Leontief, **(I- A)** e a Matriz de Multiplicadores de Produção, antes designada por **B**, a que também é comum chamar matriz inversa de Leontief:

Matriz (**I-A**):

	S1 - Agr.	S2 - Ind.	S3 - Ser.
S1 - Agricultura	0,9160	-0,0305	-0,0013
S2 - Indústria	-0,2279	0,7143	-0,0606
S3 - Serviços	-0,1177	-0,1209	0,7614

Matriz **B** = (**I-A**)$^{-1}$:

	S1 - Agr.	S2 - Ind.	S3 - Ser.
S1 - Agricultura	1,1045	0,0482	0,0058
S2 - Indústria	0,3718	1,4352	0,1149
S3 - Serviços	0,2297	0,2354	1,3325

Usando a Matriz **B** e a matriz (diagonal) de coeficientes de remunerações do trabalho, é possível calcular a matriz de multiplicadores de remunerações do trabalho:

Matriz $\widehat{\mathbf{w}}^*$ **B**:

	S1 - Agr.	S2 - Ind.	S3 - Ser.
S1 - Agricultura	0,1226	0,0053	0,0006
S2 - Indústria	0,0524	0,2021	0,0162
S3 - Serviços	0,0740	0,0758	0,4290

Por procedimento similar, podem calcular-se as matrizes de multiplicadores das restantes componentes de valor acrescentado (capital e fiscalidade indireta) e de importações (deixa-se este cálculo ao leitor, como exercício).

Finalmente, é útil calcular uma matriz importante, a de conteúdos em valor acrescentado das componentes da Procura Final, a que chamaremos matriz Gama. A fórmula a usar no cálculo desta matriz é a seguinte:

Matriz Gama = $\mathbf{A}^V \mathbf{B} \mathbf{A}^Y + \mathbf{A}^Z$

No caso português, em 2013, esta matriz é a seguinte:

Matriz Gama:

	C	G	I	Ex
W	0,3209	0,4340	0,2578	0,3065
EBE	0,3078	0,4087	0,2567	0,2989
T-Z	0,1427	0,0346	0,0585	0,0207
M	0,2286	0,1228	0,4269	0,3738
Total	1,0000	1,0000	1,0000	1,0000

Como pode ver-se, a soma dos valores de cada coluna desta matriz é igual à unidade.

A diferença em relação aos cálculos do capítulo 3 está em que, para lá da divisão do vab em duas parcelas, introduzimos os impostos indiretos líquidos de subsídios, pelo que agora a soma é igual à unidade, mas incluindo a parcela correspondente, que no capítulo 3 não existia por estarmos então a trabalhar com uma economia mais simplificada, sem ação do Estado.

Vejamos agora alguns resultados. No caso do consumo privado, o conteúdo em remunerações do trabalho de uma unidade de despesa das famílias neste tipo de bens e serviços, é igual a 0,3209 e o conteúdo importado é 0,2286. A componente com menor conteúdo importado e maior conteúdo de VAB é, como seria de esperar, o Consumo público, basicamente constituído por serviços, com muita mão-de-obra e poucos inputs importados. É ainda de destacar o elevado conteúdo em importações do Investimento, quase 43%, o que alerta para um problema de potencial desequilíbrio externo se esta componente da Procura Final for fortemente reforçada, nos próximos anos, o que é altamente desejável, em termos de crescimento a médio e longo prazo, mas tem este "custo" no curto/médio prazo. Como se pode verificar, esta matriz, de cálculo muito simples, tem um enorme potencial analítico e empírico, e é uma sugestiva indicação das virtualidades da análise input-output.

5.
O modelo IO e a economia regional

5.1 INTRODUÇÃO

O modelo IO foi originalmente desenvolvido por Leontief à escala nacional, mais concretamente para a análise da economia dos EUA nos anos de 1919 e 1929, trabalho essencialmente feito nas décadas de 1930 e 1940. Mas pouco tempo depois, desde o início da década de 1950, o próprio Leontief (1953) e outros autores, de que se destacam Isard (1951), Chenery (1953) e Moses (1955), aplicaram a metodologia IO à escala regional, dando origem a uma vastíssima e útil literatura, que não mais deixou de se expandir, até aos dias de hoje. Com efeito, a estrutura base e os princípios essenciais da análise IO aplicam-se a qualquer escala geográfica, desde a local (de um concelho, uma pequena área rural ou uma cidade), à regional, propriamente dita (de um agrupamento de concelhos ou distritos, ou ilhas como os Açores e a Madeira), ou à internacional (de agrupamentos de países, por exemplo, a União Europeia, ou o conjunto de países do Sudeste Asiático, ou mesmo o mundo inteiro, caso do Modelo IO mundial).

Em termos teóricos e metodológicos, os modelos IO regionais são muito semelhantes ao convencional modelo IO nacional, em que podem basear-se, mas há algumas particularidades, próprias de cada região, que é necessário ter em conta, nesta mudança de escala. Desde logo, a estrutura produtiva de uma região pode, ou não, ser sensivelmente distinta da estrutura da economia (nacional) em que se insere, sobretudo quando se trabalha a um nível de agregação relativamente elevado, em que se coloca com especial acuidade o problema das diferentes "misturas de produtos" (*product mix*). Por exemplo, o setor da indústria agroalimentar nacional contém necessariamente todas as indústrias e produtos deste tipo existentes no país, mas numa determinada região este setor pode ter apenas, ou predominantemente, um produto tipo (por exemplo, o queijo da serra na zona da Covilhã, ou as alheiras em Mirandela). E é claro que este problema é tanto mais premente, quanto mais restrita é a escala do modelo IO regional em causa.

Outra das particularidades a ter em consideração, é o facto de as regiões serem muito mais dependentes do "exterior" (aqui entendido como não apenas o Resto do Mundo, mas também o Resto do País) do que a economia nacional, quer em termos de "exportações", quer em termos de "importações", tanto de produtos intermédios como de produtos de utilização final. Este fenómeno tem-se acentuado nas últimas décadas, devido à intensificação de um fenómeno a que os economistas (anglo-saxónicos) chamam *hollowing out*, isto é, a uma diminuição dos fluxos económicos internos a uma região por contrapartida de um aumento dos fluxos inter-regionais (e internacionais), o que se deve a uma crescente especialização da produção e ao comércio intra-setorial.

Sendo muito importante e útil para o estudo da estrutura produtiva de uma região, para a quantificação de impactos locais e regionais de medidas de política económica ou para o desenvolvimento de estratégias de desenvolvimento a esses níveis, a análise IO regional tem, contudo, uma séria limitação, que é a falta de dados estatísticos fiáveis, sobretudo ao nível dos fluxos comerciais inter-regionais. Contrariamente ao que acontece a nível nacional, em que os fluxos inter-setoriais necessários ao Modelo IO, são recolhidos, e fornecidos publicamente, pelos organismos estatísticos oficiais (no formato de quadros retangulares de Recursos e Empregos, todos os anos, e no formato simétrico, normalmente de 5 em 5 anos, como veremos no capítulo seguinte), no caso dos fluxos necessários aos modelos IO regionais têm que ser os interessados nesses modelos a fazê-lo, com o recurso a: i) questionários (*surveys*) a empresas e setores institucionais da região; ii) hipóteses que permitem deduzir coeficientes regionais a partir de coeficientes nacionais, à partida disponíveis; iii) uma combinação de i) e ii), ou seja, os chamados modelos híbridos, em que o método direto de questionário se limita, pelos enormes custos materiais, financeiros e humanos que implica, aos ditos "coeficientes importantes".

Depois desta breve introdução à análise IO, vamos em seguida apresentar os principais modelos IO regionais, começando pelo modelo IO de uma única região, passando depois aos modelos com mais do que uma região, desde logo, o modelo IO inter-regional (também conhecido como modelo de Isard) e, finalmente, o modelo IO multi-regional (também chamado modelo de Chenery-Moses).

5.2 O MODELO IO DE UMA ÚNICA REGIÃO

A forma mais simples de aplicar a análise IO ao nível regional é considerar apenas a existência de uma única região, que produz e que troca bens e serviços com o resto do país (RP) e com o resto do mundo (RM), e para a qual se pretende construir uma matriz de coeficientes de inputs intermédios a partir de uma matriz de coeficientes técnicos nacionais, **A**, conhecida e disponível à partida.

Conhecem-se também, para a região em causa, chamemos-lhe r, os valores da produção, das "exportações" (para o RP e o RM) e das "importações" (do RP e do RM), designadas, para o produto genérico i, por x_i^r, e_i^r, m_i^r, respetivamente.

Com base nestes valores, e para cada produto i, é possível construir os seguintes rácios:

$$p_i^r = \frac{(x_i^r - e_i^r)}{(x_i^r - e_i^r + m_i^r)}$$

No numerador desta expressão está a disponibilidade do produto i para utilização na região r (produção menos exportações) e no denominador está a oferta total de i na região em causa (produção menos exportações mais importações). Este rácio, a que pode chamar-se a proporção de oferta regional de i em r, vai considerar-se constante, e vai usar-se para se passar de **A** para $\mathbf{A^{rr}}$, a matriz de coeficientes de inputs intermédios regionais:

$$a_{ij}^{rr} = p_i^r a_{ij}$$

Se considerarmos $\mathbf{p^r}$ o vetor de proporções de oferta regional de todos os produtos, e $\widehat{\mathbf{p^r}}$ a matriz diagonal com estas proporções na diagonal principal, a matriz de coeficientes de inputs intermédios regionais vem:

$$\mathbf{A^{rr}} = \widehat{\mathbf{p^r}}\mathbf{A}$$

Se $\mathbf{y^R}$ for o vetor de procura final da região r, o modelo IO de uma única região terá a seguinte solução matricial (derivada de forma similar à do modelo IO nacional, apresentada nos capítulos anteriores):

$$\mathbf{x^r} = (\mathbf{I} - \widehat{\mathbf{p^r}}\mathbf{A})^{-1}\mathbf{y^r}$$

Em alternativa, se através de um processo moroso e dispendioso de inquérito direto for possível determinar os valores de todos os consumos intersectoriais dentro da região r, x_{ij}^{rr}, a matriz $\mathbf{A^{rr}}$ será construída com base nos coeficientes técnicos regionais derivados destes valores, e a solução do modelo IO (uni-)regional será:

$$\mathbf{x^r} = (\mathbf{I} - \mathbf{A^{rr}})^{-1}\mathbf{y^r}$$

Exemplo numérico:
Consideremos uma economia muito simples, só com 2 setores, em que a matriz de coeficientes técnicos (nacional) é a seguinte:

$$\mathbf{A} = \begin{bmatrix} 0,27 & 0,36 \\ 0,13 & 0,24 \end{bmatrix}$$

Consideremos uma região inserida nesta economia, chamemos-lhe região R, para a qual se conhecem os seguintes valores, calculados a partir das produções, exportações e importações regionais: $\mathbf{p}^R = \begin{bmatrix} 0,8 \\ 0,6 \end{bmatrix}$. O que significa que 80% dos bens do setor 1 disponíveis na região são provenientes de empresas deste setor localizadas na região, sendo esta percentagem de 60%, no caso dos bens do setor 2. A matriz de coeficientes de inputs intermédios da região R calcula-se da seguinte forma:

$$\mathbf{A^{RR}} = \widehat{\mathbf{p^R}}\mathbf{A} = \begin{bmatrix} 0,8 & 0 \\ 0 & 0,6 \end{bmatrix}\begin{bmatrix} 0,27 & 0,36 \\ 0,13 & 0,24 \end{bmatrix} = \begin{bmatrix} 0,216 & 0,288 \\ 0,078 & 0,144 \end{bmatrix}$$

A matriz inversa de Leontief regional é:

$$(\mathbf{I} - \mathbf{A^{RR}})^{-1} = \begin{bmatrix} 1,320 & 0,444 \\ 0,120 & 1,209 \end{bmatrix}$$

Conhecendo os valores da procura final dirigida aos setores da região R, por hipótese 179 e 144, é possível calcular a produção regional dos setores 1 e 2:

$$\mathbf{x}^R = (\mathbf{I} - \mathbf{A}^{RR})^{-1}\mathbf{y}^R = \begin{bmatrix} 1,320 & 0,444 \\ 0,120 & 1,209 \end{bmatrix} \begin{bmatrix} 179 \\ 144 \end{bmatrix} = \begin{bmatrix} 300,2 \\ 195,6 \end{bmatrix}$$

5.3 O MODELO IO INTER-REGIONAL

Os modelos de uma única região são a forma mais simples de aplicar a metodologia IO ao contexto regional, mas têm uma séria limitação: não consideram as inter-conexões entre as regiões de um país. É como se a região em análise estivesse "desconectada" das outras, que funcionam para ela como se pertencessem a um outro país, o Resto do Mundo. Por exemplo, se a procura de automóveis produzidos pela Volkswagen em Palmela aumentar, seriam tidas em conta, explicitamente as inter-relações dessa empresa/setor com as empresas desse e de outros setores localizadas na região (Península de Setúbal, ou Grande Lisboa) fornecedores da empresa em causa, e todos os outros fluxos indiretos e induzidos na região. Mas os efeitos de interdependência direta e indireta com fornecedores noutras regiões do país (por exemplo, empresas de componentes automóveis do Norte de Portugal), e os efeitos de feedback que essas relações teriam na própria região de setúbal não seriam modelizados. Para o fazer, é necessário trabalhar com modelos de várias regiões, o mais completo e detalhado dos quais é o chamado modelo inter--regional de Isard (1951).

Para se poder construir um modelo deste tipo, muito exigente do ponto de vista dos dados de base, é necessário conhecer todos os fluxos inter--setoriais, não só das regiões em que se divide a economia, X^{RR} e X^{SS} (vamos considerar o caso mais simples de 2 regiões apenas, R e S, mas todas as deduções são facilmente extensíveis ao caso genérico de n regiões), mas também os fluxos inter-setorias entre as regiões, X^{RS} e X^{SR}. Por exemplo, no caso do elemento genérico da matriz X^{RS}, x_{ij}^{RS}, ele representa os fornecimentos intermédios do setor i localizado na região R ao setor j localizado na região S.

Para além dos fluxos intermédios intra e inter-regionais, é necessário também dispor, para região e cada setor, dos fluxos destinados à procura final, $\mathbf{y}^R$ e $\mathbf{y}^S$, que neste caso representam as vendas de cada setor para consumo privado, consumo público e investimento da própria região e das outras, bem como as vendas para o exterior, as exportações propriamente ditas (embora nos modelos IO regionais todas as vendas para fora da região possam ser consideradas "exportações"). Assim sendo, a produção do setor 1 da região R, x_1^R, virá:

$$x_1^R = x_{11}^{RR} + x_{12}^{RR} + x_{11}^{RS} + x_{12}^{RS} + y_1^R$$

Haverá equações similares para: x_2^R, x_1^S, x_2^S

Os coeficientes de inputs intermédios intra-regionais, considerados constantes, obtêm-se dividindo cada componente de X^{RR} e de X^{SS} pelo total da produção do setor correspondente à coluna em que se localizam, por exemplo:

$$a_{ij}^{RR} = \frac{x_{ij}^{RR}}{x_j^R} \text{ e } a_{ij}^{SS} = \frac{x_{ij}^{SS}}{x_j^S}$$

E o mesmo acontece para os coeficientes de inputs intermédios inter--regionais:

$$a_{ij}^{RS} = \frac{x_{ij}^{RS}}{x_j^R} \text{ e } a_{ij}^{SR} = \frac{x_{ij}^{SR}}{x_j^S}$$

Usando estes coeficientes regionais, a produção do setor 1 na região R virá:

$$x_1^R = a_{11}^{RR}x_1^R + a_{12}^{RR}x_2^R + a_{11}^{RS}x_1^S + a_{12}^{RS}x_2^S + y_1^R$$

E o mesmo se pode formular para a produção dos restantes setores. O passo seguinte, similar à dedução do modelo IO nacional, apresentado no Capítulo 2, é passar para o lado esquerdo da equação todas as componentes que envolvem a produção setorial, isolando do lado direito a procura final:

$$(1 - a_{11}^{RR})x_1^R - a_{12}^{RR}x_2^R - a_{11}^{RS}x_1^S - a_{12}^{RS}x_2^S = y_1^R$$

Considerando expressões similares para as restantes componentes da procura final, e trabalhando com matrizes e vetores, o modelo IO inter-regional pode representar-se da seguinte forma:

$$(\mathbf{I} - \mathbf{A}^{RR})\mathbf{x}^R - \mathbf{A}^{RS}\mathbf{x}^S = \mathbf{y}^R$$

$$-\mathbf{A}^{SR}x^R + (\mathbf{I} - \mathbf{A}^{SS})\mathbf{x}^S = \mathbf{y}^S$$

Podem ainda compactar-se numa única matriz, **A**, as quatro matrizes de coeficientes, e em vetores globais os vetores regionais de produção setorial e de procura final, caso em que o modelo virá, em forma compacta, bem conhecida da dedução do modelo IO nacional:

$$(\mathbf{I} - \mathbf{A})\mathbf{x} = \mathbf{y}$$

O que é equivalente à seguinte expressão (menos compacta):

$$\left\{ \begin{bmatrix} \mathbf{I} & \mathbf{0} \\ \mathbf{0} & \mathbf{I} \end{bmatrix} - \begin{bmatrix} \mathbf{A}^{RR} & \mathbf{A}^{RS} \\ \mathbf{A}^{SR} & \mathbf{A}^{SS} \end{bmatrix} \right\} \begin{bmatrix} \mathbf{x}^R \\ \mathbf{x}^S \end{bmatrix} = \begin{bmatrix} \mathbf{y}^R \\ \mathbf{y}^S \end{bmatrix}$$

Temos assim uma matriz A partida em quatro blocos (ver Apêndice Matemático para as operações relativas a blocos de matrizes).

A solução deste modelo, que nos dá as produções de cada setor em cada região, em função da procura final dirigida a cada setor em cada região, é:

$$\mathbf{x} = (\mathbf{I} - \mathbf{A})^{-1}\mathbf{y}$$

O principal valor acrescentado deste modelo é permitir quantificar os efeitos de retroação (*feedback*) inter-regionais. Para exemplificar estes efeitos, vamos supor que a variação da procura final da região S é nula, $\Delta \mathbf{y}^S = 0$, e que há um aumento na procura final dirigida aos setores da região R. Neste caso, e ainda assim, a produção dos setores na região S aumenta, em virtude dos fornecimentos que têm que fazer aos setores da região R, cuja produção aumentou. Usando a segunda equação do sistema inter-regional acima apresentada, e resolvendo em ordem a $\mathbf{x}^S$, com $\Delta \mathbf{y}^S = 0$, teremos:

$$\Delta \mathbf{x}^S = (\mathbf{I} - \mathbf{A}^{SS})^{-1}\mathbf{A}^{SR}\Delta \mathbf{x}^R$$

E colocando esta expressão na primeira, virá:

$$(\mathbf{I} - \mathbf{A}^{RR})\Delta \mathbf{x}^R - \mathbf{A}^{RS}(\mathbf{I} - \mathbf{A}^{SS})^{-1}\mathbf{A}^{SR}\Delta \mathbf{x}^R = \Delta \mathbf{y}^R$$

Note-se que no caso de um modelo de uma única região (para a região R), esta expressão seria:

$$(I - A^{RR})\Delta x^R = \Delta y^R$$

O termo "extra" $A^{RS}(I - A^{SS})^{-1}A^{SR}\Delta x^R$ representa justamente os efeitos de feedback na produção da região R, pelo facto de a produção em S ter aumentado, devido ao aumento inicial de y^R e x^R, porque a região S só pode aumentar a sua produção para fornecer a região R se puder contar ela própria com fornecimentos intermédios da região R. Por aqui se compreende então que o modelo inter-regional é tanto mais importante e útil quanto maiores forem estes efeitos de feedback inter-regional. A evidência empírica não é completamente clara quanto a isto (ver Miller and Blair, 2009 e Sargento, 2009), mas parecem existir casos relevantes em que estes efeitos podem ser significativos, e o processo de *hollowing out* da produção, a que já se aludiu, permite supor que venham a aumentar no futuro.

De há uns anos a esta parte, o modelo IO inter-regional ganhou uma popularidade e uma utilização intensiva e crescente, não no contexto regional, mas no contexto internacional, para estudar as interdependências entre países, sendo neste caso o modelo em tudo semelhante, com a *nuance* de que R, S, ..., Z, são países e não regiões. Para isto muito contribuiu a disponibilidades de bases de dados inter-setoriais entre países, de que o exemplo mais conhecido é a *World Input-Output Database*, WIOD. O crescente interesse dos economistas por este assunto, que extravasa já em muito a (tradicional) comunidade IO, tem a ver com a tendência imparável nas últimas décadas para o aumento da especialização vertical da produção, das trocas comerciais de produtos intermédios e das chamadas cadeias globais de valor. Como se tem provado através de uma literatura vastíssima, com resultados muito relevantes, o modelo IO é um instrumento particularmente adequado ao estudo (teórico e empírico) deste fenómeno. Mais sobre este assunto será dito no capítulo 11 deste manual.

Regressando aos modelos IO de várias regiões, há que reconhecer que o modelo inter-regional de Isard é muito exigente do ponto de vista de disponibilidade de dados, e por isso muito difícil de implementar na prática, com as possíveis exceções de 2 ou 3 países (por exemplo, o Japão e o Canadá). Assim sendo, desde há muito tempo que os economistas regionais privilegiam nos seus estudos IO o chamado modelo multi-regional, também conhecido como o modelo de Chenery-Moses.

5.4 O MODELO IO MULTI-REGIONAL

Para construir um modelo IO multi-regional é necessário dispor de uma matriz de coeficientes técnicos regionais, $\mathbf{A}^R$, de fluxos totais, ou seja, em que o elemento genérico $a_{ij}^R = \dfrac{x_{ij}^{\circ R}}{x_j^R}$ tem no numerador todos os consumos intermédios do produto i utilizados no setor j da região R, independentemente da proveniência regional desses fluxos, que é neste modelo desconhecida (o símbolo ° significa somatório, neste caso em regiões).

Assim sendo, a grande diferença entre o modelo IO inter-regional e o modelo IO multi-regional tem a ver com a contabilização dos fluxos de comércio inter-regionais, de muito mais fácil disponibilidade em termos estatísticos no segundo caso, em que só é necessário conhecer os fluxos comerciais por região de origem e região de destino, ignorando-se assim a utilização específica a que se destinam (os diversos setores produtivos ou as componentes da procura final). Estes fluxos podem ser representados, esquematicamente (e para 2 regiões) na chamada matriz de Origens e Destinos, neste caso do produto i (para cada um dos restantes produtos haverá uma matriz equivalente):

	DESTINO		
		R	S
ORIGEM	R	x_i^{RR}	x_i^{RS}
	S	x_i^{SR}	x_i^{SS}
	TOTAL	T_i^R	T_i^S

Por exemplo, na primeira coluna desta matriz contabilizam-se os valores do produto i destinados à (e disponíveis na) região R, provenientes da própria região e da região S, sendo o somatório da coluna igual à disponibilidade total de produto i na região, T_i^R. E o mesmo para a região S.

O passo seguinte é o cálculo das proporções de cada origem regional do produto i no total disponível do bem i em cada região. No caso da região R teremos:

$$c_i^{RR} = \frac{x_i^{RR}}{T_j^R} \; ; \; c_i^{RS} = \frac{x_i^{SR}}{T_j^R}$$

Consideremos $\mathbf{c}^{RR}$ o vetor coluna com as proporções de todos os produtos originários de R e destinados a R, e $\mathbf{c}^{SR}$ o vetor equivalente de origens em S e destinos em R. Fazendo o mesmo para as proporções dos produtos destinados a S, o modelo IO multi-regional, para o caso simples de 2 setores pode formular-se da seguinte maneira:

$$\left(\mathbf{I} - \widehat{\mathbf{c}^{RR}}\mathbf{A}^R\right)\mathbf{x}^R - \widehat{\mathbf{c}^{RS}}\mathbf{A}^S\mathbf{x}^S = \widehat{\mathbf{c}^{RR}}\mathbf{y}^R + \widehat{\mathbf{c}^{RS}}\mathbf{y}^S$$

$$-\widehat{\mathbf{c}^{SR}}\mathbf{A}^R\mathbf{x}^R + \left(\mathbf{I} - \widehat{\mathbf{c}^{SS}}\mathbf{A}^S\right)\mathbf{x}^S = \widehat{\mathbf{c}^{SR}}\mathbf{y}^R + \widehat{\mathbf{c}^{SS}}\mathbf{y}^S$$

Em que:

$$\mathbf{A}^R = \begin{bmatrix} a_{11}^R & a_{12}^R \\ a_{21}^R & a_{22}^R \end{bmatrix} \qquad \mathbf{A}^S = \begin{bmatrix} a_{11}^S & a_{12}^S \\ a_{21}^S & a_{22}^S \end{bmatrix}$$

$$\widehat{\mathbf{c}^{RR}} = \begin{bmatrix} c_1^{RR} & 0 \\ 0 & c_2^{RR} \end{bmatrix} \quad \widehat{\mathbf{c}^{RS}} = \begin{bmatrix} c_1^{RS} & 0 \\ 0 & c_2^{RS} \end{bmatrix} \quad \widehat{\mathbf{c}^{SS}} = \begin{bmatrix} c_1^{SS} & 0 \\ 0 & c_2^{SS} \end{bmatrix} \quad \widehat{\mathbf{c}^{SR}} = \begin{bmatrix} c_1^{SR} & 0 \\ 0 & c_2^{SR} \end{bmatrix}$$

Assim sendo, a matriz equivalente à matriz de coeficientes inter-regionais do modelo IO inter-regional, para o caso de $\mathbf{A}^{RS}$ é:

$$\widehat{\mathbf{c}^{RS}}\mathbf{A}^S = \begin{bmatrix} c_1^{RS}a_{11}^S & c_1^{RS}a_{12}^S \\ c_2^{RS}a_{21}^S & c_2^{RS}a_{22}^S \end{bmatrix}$$

O modelo IO multi-regional pode ainda ser compactado matricialmente da seguinte forma:

$$(\mathbf{I} - \mathbf{CA})\mathbf{x} = \mathbf{Cy}$$

Com: $\mathbf{A} = \begin{bmatrix} \mathbf{A}^R & \mathbf{0} \\ \mathbf{0} & \mathbf{A}^S \end{bmatrix} \qquad \mathbf{C} = \begin{bmatrix} \widehat{\mathbf{c}^{RR}} & \widehat{\mathbf{c}^{RS}} \\ \widehat{\mathbf{c}^{SR}} & \widehat{\mathbf{c}^{SS}} \end{bmatrix} \qquad \mathbf{x} = \begin{bmatrix} \mathbf{x}^R \\ \mathbf{x}^S \end{bmatrix} \qquad \mathbf{y} = \begin{bmatrix} \mathbf{y}^R \\ \mathbf{y}^S \end{bmatrix}$

E a solução do modelo é: $\mathbf{x} = (\mathbf{I} - \mathbf{CA})^{-1}\mathbf{y}$, sendo facilmente extensível aos casos de mais do que 2 regiões e mais do que 2 setores.

6.
A Análise Input-Output e a Contabilidade Nacional

6.1 INTRODUÇÃO

A Análise Input-Output baseia-se num importante instrumento teórico, o Modelo IO, mas a operacionalidade e utilização prática deste modelo pressupõe e exige a disponibilidade de um vasto e diversificado conjunto de dados, organizados num importante instrumento empírico, o Quadro IO. É agora a altura de dar mais algumas informações sobre este aspeto, centrando a atenção nas questões ligadas à recolha, tratamento e disseminação da informação setorial, feita hoje em dia pelos institutos de estatística oficiais, no caso português, o INE, até se poder dispor de todos os elementos necessários à construção de Quadros IO como os que foram apresentados no Capítulo 4 (MTTpa e MPNpb).

Nas primeiras décadas da já longa existência da análise IO, entre os anos 1930s e os anos 1960s, a recolha de dados intersetoriais era feita pelos investigadores e utilizadores deste modelo, sobretudo académicos, sendo o exemplo inicial e pioneiro os enormes, e lendários, esforços do seu fundador, Wassili Leontief, para a construção das primeiras matrizes IO, relativas à economia dos EUA em 1919 e 1929 (Leontief, 1936; 1941). Em Portugal, esta fase corresponde à construção das primeiras matrizes IO, no INII (1959, 1964) e no GEBEI (1970 a 1982), como adiante se verá.

A partir da década de 1970, a construção de matrizes IO beneficiou do reconhecimento da sua importância para a Contabilidade Nacional, e da

ANÁLISE INPUT-OUTPUT

formulação de princípios orientadores e *standards* internacionais, com a publicação do Sistema de Contas Nacionais – 1968 (SNA, 1968) das Nações Unidas. Mais tarde, com o Sistema de Contas Nacionais – 1993 (SNA, 1993), consagrou-se em definitivo o papel central das relações inter-setoriais na elaboração das Contas Nacionais da maior parte dos países, através da formulação e construção de Quadros de Recursos e Utilizações (QRUs, em inglês designados *Supply and Use Tables*), retangulares (produtos x ramos de atividade) a partir dos quais são construídos os Quadros IO, simétricos (produtos x produtos) ou (ramos de atividade x ramos de atividade).

Em Portugal, e nos restantes países da União Europeia, estes procedimentos foram vertidos para o Sistema Europeu de Contas, SEC 1995, em que se regulamentou a exigência de produção de QRUs anuais e QIOs simétricos com uma periodicidade quinquenal. Atualmente estamos já numa terceira fase, em que se reforçaram e aperfeiçoaram os métodos de cálculo destes quadros, com base no SCN 2008 e no SEC 2010, cuja aplicação ao caso português o INE completou em 2014 (Contas Nacionais na base 2010), culminando, em termos de análise IO, na conclusão em 2017 da matriz de 2013, a mais recente matriz IO disponível em Portugal.

Este capítulo tem 3 objetivos principais. O primeiro é a apresentação detalhada dos Quadros de Recursos e Utilizações (QRU, secção 6.1), dado tratar-se de importantes instrumentos de análise empírica de uma economia, em que se registam todas as atividades e transações associadas à produção, geração de rendimento e utilização dos bens e serviços. Embora, numa fase inicial, os QRUs fossem entendidos, e tratados, apenas como um passo intermédio entre a recolha de dados estatísticos de base e a construção de Quadros IO, de há uns anos a esta parte eles ocupam um lugar central nas Contas Nacionais, importantes em si mesmos, e muito úteis para a construção de agregados macroeconómicos, sobretudo o PIB a preços de aquisição, nas 3 óticas (produção, despesa e rendimento) e para a deteção de erros e inconsistências, e sua mais expedita e atempada correção.

O segundo grande objetivo deste capítulo é a apresentação dos pressupostos e procedimentos necessários para a partir dos QRUs se construírem os Quadros IO (secção 6.2), o que se prende sobretudo com a forma como se lida com a chamada produção secundária, ou seja, com o facto de muitas empresas (ou mesmo os seus estabelecimentos) produzirem vários produtos, alguns muito distintos dos que resultam da sua atividade principal.

Sendo quadros simétricos (número de linhas igual ao número de colunas), nos QIOs tem que se trabalhar necessariamente com produtos ou ramos de atividade "homogéneos", ou seja, a um produto correspondendo apenas um ramo de atividade e vice-versa.

Finalmente, e depois de se apresentarem os QRUs e a sua ligação aos QIOs, o terceiro grande objetivo deste capítulo é fazer uma breve resenha histórica da construção de Matrizes IO em Portugal, e uma apresentação sintética de todas as matrizes IO disponíveis no nosso país, desde a de 1959 até à de 2013 (secção 6.3).

6.2 OS QUADROS DE RECURSOS E UTILIZAÇÕES

Nos Quadros de Recursos e Utilizações registam-se os valores de todas as operações sobre produtos (bens e serviços) de uma economia, classificadas por produto e por ramo de atividade. Estes quadros apresentam a estrutura de custos de produção e o rendimento gerado no processo produtivo, os fluxos de bens e serviços produzidos nessa economia e os fluxos de bens e serviços entre a economia e o resto do mundo.

Como o próprio nome indica, os QRUs são constituídos por dois quadros interligados, o Quadro de Recursos (Oferta ou Produção + Importações) e o Quadro de Utilizações (Procura ou Empregos, no sentido de destinos dos produtos; é por isto que na série anterior ao SEC 2010, o INE chamava aos quadros deste tipo QREs, Quadros de Recursos e Empregos).

O Quadro de Recursos regista os valores dos recursos de bens e serviços por produto (nas linhas) e por ramos de atividade (nas colunas), fazendo a distinção entre os recursos provenientes de ramos de atividade doméstica (ou interna) e os recursos provenientes do resto do mundo (importações). No quadro seguinte, faz-se uma apresentação da estrutura simplificada de um quadro de recursos:

ANÁLISE INPUT-OUTPUT

Quadro 6.1 – Estrutura simplificada de um Quadro de Recursos:

Produtos	Ramos de atividade Agricultura Extrativas ... Serviços	Importações	Total
Produtos agrícolas Minérios ... Serviços	Produção por produto e por ramo de atividade	Importações por produto	Recursos Totais por produto
Total	Produção total por ramo de atividade	Importações Totais	Recursos Totais

Neste quadro, os totais da última coluna (soma dos valores de cada linha) representam os recursos totais (oferta total), por produto e os totais da linha inferior (soma dos valores de cada coluna) representam a produção total de cada ramo de atividade e as importações totais.

Lido em linha, este quadro fornece-nos informação sobre todos os ramos de atividade que produzem um determinado produto. Por exemplo, na primeira linha do quadro que serve de exemplo, temos os Produtos Agrícolas. É de esperar que o grosso deste tipo de bens provenha do ramo de atividade "Agricultura", e de facto assim é, mas pode acontecer que existam outros setores que produzam também este tipo de bens, por exemplo, uma empresa de serviços que tem também uma pequena horta em que produz produtos hortícolas. Neste caso, haveria lugar ao registo do valor da produção destes bens (se fosse mercantil) na primeira linha e na última coluna "Serviços".

Lido em coluna, o quadro de recursos fornece-nos informação sobre todos os produtos produzidos num determinado ramo de atividade, quer a produção principal (produtos característicos desse ramo), quer a produção de outro tipo de produtos, que pode designar-se por produção secundária (de que mais adiante se voltará a falar, quando tratarmos da passagem dos QREs aos QIOs).

O Quadro de Utilizações fornece informações sobre as utilizações, ou empregos/destinos, dos bens e serviços disponíveis na economia, por produto (em linha) e por tipo de utilização (em coluna). As utilizações são as seguintes: Consumo Intermédio por ramo de atividade; Consumo Final, que por sua vez, e como vimos anteriormente, se pode ainda dividir em Consumo Privado e Consumo Público (o Consumo Privado, pode ainda subdividir-se em Consumo das Famílias e Consumo das Instituições Privadas sem Fins Lucrativos ao Serviço das Famílias, ISFLSF); Formação Bruta de Capital (que se pode dividir em FBCF, Variação de Existências e ACOV, aquisições e cedências de objetos de valor); Exportações.

Nas colunas relativas aos ramos de atividade, e para além dos consumos intermédios, o Quadro de Utilizações fornece também informações sobre as componentes do valor acrescentado bruto, a saber: Remunerações do Trabalho; Excedente Bruto de Exploração, que pode por sua vez dividir-se em Rendimento Misto (o rendimentos dos profissionais por conta própria, em que não se distingue o que são remunerações do trabalho e o que corresponde a lucros), Excedente de Exploração Líquido e Consumo de Capital Fixo; Outros Impostos líquidos de Subsídios à Produção.

No quadro seguinte, faz-se uma apresentação da estrutura simplificada de um quadro de utilizações:

Quadro 6.2 – Estrutura simplificada de um Quadro de Utilizações:

Produtos	Ramos de atividade	Utilizações Finais	Total
	Agricultura Extrativas ... Serviços	C G FBC Ex	
Produtos agrícolas Minérios ... Serviços	Consumo Intermédio por produto e por ramo de atividade	Utilizações finais por produto e por categoria	Utilizações Totais por produto
VAB	Remunerações do trabalho Outros Impostos líquidos de subsídios Excedente de exploração líquido Consumo de capital fixo		VAB
Total	Produção Total por ramo de atividade	Utilizações Finais Totais por categoria	

Neste quadro, os totais da última coluna (soma dos valores de cada linha) representam as utilizações totais por produto e os totais da linha inferior (soma dos valores de cada coluna) representam a produção total de cada ramo de atividade e o valor total de cada componente das utilizações finais (a chamada Procura Final).

Lido em linha, e no que diz respeito ao bloco dos produtos (parte superior), este quadro fornece-nos informações sobre as várias utilizações possíveis de um produto, para consumo intermédio (em cada um dos ramos de atividade) e para utilização final (consumo privado, consumo público, investimento e exportações). E isto é válido para toda a quantidade de produto disponível na economia, quer a que resulta de produção na própria economia, quer a que é importada. Na parte inferior do quadro, a cada linha corresponde a informação sobre a origem setorial de cada componente do VAB.

Lido em coluna, e na parte correspondente aos ramos de atividade, este quadro dá-nos informação sobre a estrutura de custos de cada ramo (num certo sentido, a sua "tecnologia", em sentido lato, porque engloba também a fiscalidade indireta), quer em termos de consumos intermédios (matérias primas e energia), nacionais + importados, quer em termos de contributo dos fatores primários (VAB).

Como pode facilmente verificar-se, o Quadro de Utilizações tem uma estrutura muito semelhante ao Quadro IO, sendo a principal diferença o facto de ser um quadro retangular (produtos x ramos de atividade) e não um quadro simétrico. Mais sobre esta diferença será dito adiante, quando se tratar da passagem dos QRUs aos QIOs. Para já, pode dizer-se que o Quadro de Recursos e o Quadro de Utilizações podem ser integrados numa única matriz, que constitui a base dos chamados Quadros de Recursos e Utilizações, e cuja representação esquemática pode fazer-se da seguinte maneira:

6 · A ANÁLISE INPUT-OUTPUT E A CONTABILIDADE NACIONAL

Quadro 6.3 – A estrutura dos QRUs

		Produtos Pr. Agr. Min. ... Serviços	Ramos Agr. Ext. ... Serviços	Utilizações Finais C G FBC E	Total
Produtos	Prod. agrícolas Minérios ... Serviços		Consumo Inter- médio por produto e por ramo de atividade	Utilizações finais por produto e por categoria	Utilizações Totais por produto
Ramos	Agricultura Extrativas ... Serviços	Produção por produto e por ramo de atividade			Produção Total por ramo de atividade
VAB			VAB por componen- te e por ramo de atividade		VAB
Importações		Importações totais por produto			Importações Totais
Total		Recursos Totais por produto	Produção Total por ramo de atividade	Utilizações finais totais por categoria	

Da combinação do quadro de recursos e do quadro de utilizações resultam claras três identidades básicas da Contabilidade Nacional, que já encontrámos nos capítulos 2 e 3, e que se verificam para cada ramo de atividade e para o conjunto da economia:

1) Produção = Consumo Intermédio + Valor Acrescentado Bruto (VAB)
2) Produção + Importações = Consumo Intermédio + Consumo Final + Formação Bruta de Capital + Exportações
3) Para cada ramo (e para o conjunto da economia), o VAB calculado pela ótica da produção iguala o VAB estimado através da abordagem do rendimento.

Estas identidades são muito úteis para testar a consistência dos dados estatísticos, recolhidos de diversas fontes, quer para cada ramo de atividade, quer para o conjunto da economia, e correspondem à determinação do mais importante indicador/agregado macroeconómico, o PIB a preços de mercado (ou preços de aquisição):

i) Ótica da Produção: PIBpm = Produção a preços básicos – Consumo Intermédio + Impostos líquidos de subsídios sobre os produtos

ii) Ótica da Despesa: PIBpm = Consumo Final + FBC + Exportações – Importações

iii) Ótica do Rendimento: PIBpm = Remunerações do trabalho + EBE + Outros impostos líquidos de subsídios à produção + Impostos líquidos de subsídios sobre os produtos.

Estas identidades, bem como os quadros de recursos e utilizações em que se baseiam, verificam-se a preços correntes e a preços constantes (em volume), sendo por isso os QRUs um instrumento muito útil para o cálculo dos fluxos de bens e serviços e dos agregados setoriais e macroeconómicos em volume. É por esta razão que se regulamentou no SEC 2010 a exigência de construção dos QRUs a preços do ano corrente e a preços do ano anterior. A consideração dos preços no contexto da análise IO será abordada no capítulo seguinte.

No caso do Quadro de Utilizações, no registo dos fluxos de consumo intermédio e das utilizações finais não se distinguem os que têm origem nos ramos nacionais (ou domésticos) e os que são importados. Para o fazer, é necessário calcular o Quadro de Utilizações Importadas, que subtraído ao Quadro de Utilizações totais fornece o Quadro de Utilizações Domésticas base para a construção da Matriz de Produção Nacional, referida no capítulo 4.

Quanto à valorização dos fluxos, há um paralelismo entre a forma como são considerados nos QRUs e nos QIOs. Esta questão tem a ver com o tratamento dado à fiscalidade indireta e às margens de distribuição, sendo possível distinguir 3 conceitos de valorização: preços de base; preços de produção e preços de aquisição (há ainda um quarto, o custo de fatores, mas que não é explicitamente usado no SCN 2008).

Conforme já mencionámos no capítulo 4, os *preços de base* consistem na soma dos valores a custo de fatores (VAB e EBE) e dos outros impostos líquidos de subsídios ligados à produção (TILP), isto é, os que não incidem sobre os produtos produzidos pelo setor. Os *preços de produção*, a que se podem chamar também *preços à saída de fábrica*, igualam os preços básicos + os impostos indiretos líquidos de subsídios sobre os produtos, com exceção do IVA. Finalmente, os *preços de aquisição*, ou *preços de mercado*, igualam os preços de produção + o IVA não dedutível pago pelo comprador + as margens de distribuição pagas separadamente pelo comprador.

Na compilação dos QRUs as regras básicas de valorização são as seguintes: os fluxos do Quadro de Recursos são valorizados a preços de base e os fluxos do Quadro de Utilizações, nas componentes correspondentes aos consumos intermédios e à procura final, são valorizados a preços de aquisição, que é o preço efetivamente pago pelos utilizadores. Com a construção das matrizes de fiscalidade indireta (e subsídios), de custos de transporte e de margens comerciais, é possível compatibilizar os fluxos do Quadro de Recursos e do Quadro de Utilizações, e passar de quadros a preços de base a preços de aquisição (e vice-versa), quer no caso dos QRUs, quer no caso dos QIOs.

6.3 PASSAGEM DOS QRUS AOS QIOS

Com se disse anteriormente, a estrutura de um Quadro Input-Output é similar à de um Quadro de Utilizações, sendo em termos de dados estatísticos dele decorrente, depois de alguns pressupostos e procedimentos indispensáveis. Com efeito, o Quadro de Utilizações, bem como o Quadro de Recursos, são quadros retangulares, ou seja, o número de linhas (produtos) é diferente do número de colunas (ramos de atividade), sendo que é comum e expectável que o número de linhas seja muito superior ao número de colunas. A tarefa principal para a passagem dos QRUs ao QIO é pois a simetrização, ou seja, fazer corresponder a cada produto um ramo de atividade e vice-versa. Para melhor compreender o que está em causa, é útil clarificar alguns princípios básicos quanto ao significado e classificação de produtos e ramos de atividade, e à forma como as estatísticas de base são recolhidas e tratadas.

6.3.1 CLASSIFICAÇÃO DAS ATIVIDADES ECONÓMICAS (RAMOS DE ATIVIDADE)

A classificação das atividades económicas, também designadas por "ramos de atividade" (ou em inglês, *industries*) é feita no SCN 2008 através da *International Standard Industrial Classificacion of All Activities (ISIC – Rev. 4)*, a que corresponde no caso dos países europeus, Portugal incluído, a *NACE*. Esta classificação é usada para classificar as unidades estatísticas (empresas ou estabelecimentos) de acordo com a atividade económica principal a que se dedicam, tendo em conta a sua tecnologia e processo de produção, por exemplo, "agricultura, silvicultura e pescas", "indústrias extrativas", "indús-

ANÁLISE INPUT-OUTPUT

trias transformadoras", "construção", "eletricidade, gás e água", "serviços", etc. Esta classificação pode ser feita a diferentes níveis de agregação, por exemplo, as "indústrias transformadoras" podem subdividir-se em "agro-alimentares"; "têxteis, vestuário e calçado"; "borracha e plástico", etc. Da ISIC, Rev. 4, constam 21 Secções, 88 Divisões, 238 Grupos e 419 Classes.

6.3.2 CLASSIFICAÇÃO DOS PRODUTOS

A referência internacional para a classificação dos produtos é a *Central Product Classification, (CPC Version 2.1)* do SEC 2008, a que corresponde no caso dos países da União Europeia a Classificação dos Produtos por Atividade *(CPA 2008)*, e cujo principal objetivo é classificar todos os bens e serviços que resultam da produção interna da economia ou das importações.

Embora haja uma correspondência entre os produtos e os ramos de atividade em que têm origem, o detalhe dos primeiros é muito maior que o dos segundos. Na classificação dos produtos, a CPC divide-os em 10 secções, 71 divisões, 329 grupos, 1 299 classes e 2 887 subclasses. Por exemplo, no ramo de atividade "produtos lácteos" são produzidos diversos produtos, "leite processado", "manteiga", iogurtes", "queijos", etc. E se tivermos em conta características adicionais dos produtos, podemos ainda desagregar (muito) mais, por exemplo, "leite gordo", "leite meio gordo", leite magro", "manteiga de vaca", "margarina", "queijo de cabra", "queijo de ovelha", etc., etc.

No limite, e na prática, existem centenas de milhares de produtos (sendo, por exemplo, as estatísticas do comércio externo muito mais detalhadas que as estatísticas das Contas Nacionais, distinguindo cerca de 200 000 produtos). É por isso compreensível que, embora não descendo a tão finos graus de detalhe, também no caso dos QRUs o número de produtos (linhas) seja maior que o número de ramos de atividade (colunas), porque isso melhora a qualidade das estatísticas em causa.

6.3.3 EMPRESAS E ESTABELECIMENTOS (UNIDADES DE ATIVIDADE ECONÓMICA), PRODUÇÃO PRINCIPAL E PRODUÇÃO SECUNDÁRIA

Na recolha das estatísticas de base, embora os inquéritos sejam preenchidos e entregues pelas empresas, o conceito chave em termos de dados inter-

-setoriais, é o de Unidade de Atividade Económica local, UAE (em inglês, *kind of activity unity)*, a que também se chama *estabelecimento*.

Há empresas, ou UAE, que produzem um único tipo de bens (a um certo nível, razoável, de agregação, claro) e por isso a sua produção enquadra-se num único ramo de atividade. A uma UAE deste tipo pode chamar-se Unidade de Produção Homogénea, e ao agrupamento de UAEs pode chamar-se Ramo de Atividade Homogéneo. Contudo, na prática, e num significativo número de casos, não é isto que se verifica, ou seja, pode existir a chamada produção conjunta (um processo de produção de que resultam dois ou mais produtos distintos, que podem pertencer a diferentes ramos de atividade) e também a produção secundária (produção na mesma empresa ou estabelecimento de dois ou mais produtos com processos de produção autónomos e que pertencem a diferentes ramos de atividade).

Por exemplo, uma pequena exploração agropecuária, que se dedica à produção de leite, e sua venda a empresas transformadoras desse bem em produtos derivados do leite (os acima descritos), pode ter também uma pequena queijaria artesanal e vender ao público uma pequena quantidade de queijos. Neste caso, esta UAE será classificada no ramo de atividade "agricultura" (de acordo com a sua "produção principal", o "leite não processado"), mas no Quadro de Recursos ela terá uma pequena parte das suas vendas (correspondente à sua "produção secundária", os queijos) registada no ramo de atividade "indústria agroalimentar". E o mesmo acontecerá no Quadro de Utilizações, dado que esta UAE usará como consumos intermédios bens e serviços necessários à sua produção principal, por exemplo, forragens para os animais, mas também à sua produção secundária, por exemplo, as embalagens para os queijos.

O critério base para classificar as atividades é o do Valor Acrescentado gerado no processo produtivo, ou seja, será considerada atividade principal a que gerar maior VAB, sendo as restantes (caso existam) consideradas atividades secundárias. Todavia, há casos em que é difícil contabilizar o VAB, e por isso se podem usar como substitutos o critério do emprego, ou do volume de negócios (*turnover*).

6.3.4 HIPÓTESES E PROCEDIMENTOS PARA A CONSTRUÇÃO DE QUADROS IO

Sendo os quadros IO, por definição, simétricos (número de linhas igual ao número de colunas), e sendo o seu principal objetivo a análise económica, é necessário assegurar a correspondência entre produtos e ramos de atividade, tendo a preocupação de garantir que se obtêm "setores" (de produtos ou ramos) "homogéneos". Assim sendo, os Quadros IO constroem-se a partir do Quadro de Utilizações, passando as suas colunas de ramos de atividade para produtos, ou, em alternativa, passando as suas linhas de produtos para ramos de atividade.

Se não existisse produção conjunta e produção secundária, a tarefa de "simetrização" de quadros retangulares seria (relativamente) simples. Tratar-se-ia de, partindo do quadro de utilizações, retangular, agregar (em linha) os produtos (que são em maior número, como vimos), fazendo-os corresponder ao número de colunas/ramos de atividade, construindo assim um quadro de utilizações simétrico, do qual se passaria ao Quadro IO.

Com a existência de produção conjunta e/ou secundária (ignoramos, neste contexto, a existência das chamadas atividades auxiliares, ou seja, tarefas necessárias à produção principal, que não dão origem a produtos autónomos, e que consistem essencialmente em serviços, p. ex., contabilidade, registos, informática, publicidade, segurança, etc., quando feitos pela própria empresa) a tarefa de "simetrização" do quadro de utilizações é bem mais complicada, sendo necessário considerar diversas hipóteses, quanto à natureza e estrutura dos fluxos intermédios e de valor acrescentado a registar//organizar:

1 – **Quadros IO Produto por Produto** podem compilar-se usando:

1.1 – a hipótese da ***tecnologia do produto***, segundo a qual cada produto é produzido de acordo com a sua forma específica e única, independentemente do ramo de atividade em que é produzido;

1.2 – a hipótese da ***tecnologia do ramo de atividade***, segundo a qual cada ramo de atividade tem a sua forma particular e única de produção, independentemente da sua combinação de produtos (*product mix*).

2 – **Quadros IO Ramo de Atividade por Ramo de Atividade** podem compilar-se usando:

2.1 – a hipótese da ***estrutura de vendas do ramo de atividade fixa***, segundo a qual cada ramo de atividade tem uma estrutura de vendas específica, independentemente da sua combinação de produtos (*product mix*);

2.2 – a hipótese da estrutura de vendas do produto fixa, segundo a qual cada produto tem a sua própria estrutura de vendas, independentemente do ramo de atividade em que é produzido.

Os quadros IO produto por produto são vantajosos do ponto de vista da similitude com as estruturas de custo e com as atividades de produção, mas podem gerar problemas, como por exemplo, valores de fluxos intermédios (e coeficiente técnicos) negativos. Os quadros ramo de atividade por ramo de atividade têm a vantagem de estar mais próximos das fontes estatísticas e das estruturas de mercado. Para mais pormenores sobre a construção destes tipos de quadros, suas dificuldades e formas de as resolver, podem ver-se Miller and Blair (2009) e os manuais IO do Eurostat e das Nações Unidas (Eurostat, 2008) e (United Nations, 2017).

No caso português, e como veremos na secção seguinte, a matriz IO mais recente produzida pelo INE, a de 2013, foi feita com o recurso à hipótese 1.1 (Quadro IO produto por produto, com a tecnologia do produto).

6.4 A CONSTRUÇÃO DE MATRIZES IO EM PORTUGAL

Nesta secção vamos fazer uma breve resenha histórica sobre a construção de matrizes IO em Portugal, com o principal objetivo de apresentar, de forma sintética, todas as matrizes disponíveis no país, quer a nível nacional, quer a nível regional.

6.4.1 QUADROS IO NACIONAIS

6.4.1.1 AS MATRIZES IO DO INII

A primeira matriz IO disponível em Portugal foi construída no extinto Instituto Nacional de Investigação Industrial, INII, para o ano de 1959, sob a direção de João Cruzeiro, e o interesse e impulso inicial de Francisco Pereira de Moura (então na AIP). Trata-se de uma matriz de fluxos totais, a preços de aquisição, e com uma desagregação setorial de 40 setores. Esta matriz, que colocou em destaque as deficiências do sistema estatístico português da altura, foi inspirada na primeira versão do Sistema de Contas Nacionais (SNC) das Nações Unidas, de 1953, que como já se disse, não incorporava explicitamente princípios e *standards* internacionais para a construção de Quadros IO, o que só viria a ser feito no SCN 1968.

A segunda matriz IO portuguesa foi também construída no INII, para o ano de 1964, sob a direção de Eugénio Borralho. Nesta matriz, alargou-se o número de setores para 67, e fez-se a distinção entre fluxos de origem nacional e fluxos importados. No entanto, os fluxos foram ainda registados a preços de aquisição, e mantiveram-se outras limitações da matriz de 1959, como por exemplo a não contabilização integral dos setores da administração pública, das instituições financeiras e dos serviços de educação e saúde não comercializáveis.

6.4.1.2 AS MATRIZES IO DO GEBEI

A segunda fase de construção de quadros IO em Portugal corresponde às matrizes do extinto Grupo de Estudos Básicos de Economia Industrial (GEBEI), presidido por João Cravinho, que se basearam numa metodologia de base informática sofisticada e eficaz, embora não compatível com os procedimentos estatísticos oficiais da Contas Nacionais do INE. O GEBEI construiu sistemas de matrizes para 1970, 1974, 1977 e 1982, sob a direção técnica de Maria Manuela Santa Maria. Estes sistemas eram constituídos por conjuntos articulados e coerentes que permitiam produzir matrizes de transações totais e matrizes de produção nacional, consoante o tratamento dado às importações, e também produzir matrizes com diferentes formas de valorização dos fluxos, de acordo com o tratamento dado às margens comerciais e de transporte e aos impostos indiretos – a preços de aquisição ou a preços de produção. Partindo de quadros retangulares com um elevado grau de desagregação (2700 produtos por 60 ramos de atividade), o GEBEI produziu, por agregação das linhas, quadros IO simétricos a 60 ramos de atividade (ramo por ramo).

6.4.1.3 AS MATRIZES IO DO INE (FASE I)

A terceira fase de construção de dados intersectoriais em Portugal corresponde às Matrizes do Sistema de Contas Nacionais Portuguesas (SCNP – 1977), desenvolvido pelo INE, com base no Sistema Europeu de Contas – SEC 1970, que por sua vez se baseia no SCN 1968, já várias vezes referido. Este sistema engloba dois tipos de matrizes: i) o *quadro de entradas-saídas anual,* usado pelo INE para determinar o valor do PIB, que é um quadro de transações totais a preços de aquisição; ii) o *sistema de matrizes quinquenais,* constituído por: matriz de fluxos totais a preços de saída de fábrica; matriz de produção nacional a preços de produção; matriz de importações a preços CIF; matriz de impostos e subsídios sobre os produtos; matriz de margens comerciais a preços de produção. Para o que aqui mais nos interessa, e resumindo, deve ter-se em conta que o INE produziu neste contexto uma Matriz de Produção Nacional a preços de produção, para o ano de 1980, com 49 ramos de atividade.

Antes de prosseguir esta breve apresentação cronológica sobre os Quadros IO produzidos em Portugal, vale a pena referir um trabalho importantíssimo de Natalino Martins e Vítor Dionízio, publicado em 1987 (Martins e Dionízio, 1987), que prestaram um inestimável serviço à comunidade IO portuguesa, ao elaborarem uma compatibilização de todas as matrizes IO construídas no INII, no GEBEI e no INE, entre 1959 e 1982. Graças a estes dois autores, é possível dispor de Matrizes de Produção Nacional a preços de produção (ou próximo disso), compatíveis entre si, para os anos de 1959, 1964, 1970, 1974, 1977, 1980 e 1982, a 19 setores. Dada a relevância destas matrizes para análises da estrutura produtiva portuguesa no longo prazo, apresenta-se em anexo a este capítulo a lista destes setores.

6.4.1.4 AS MATRIZES IO DO DCP/DPP

Embora o INE seja a entidade que tem a obrigação de produzir sistemas quinquenais de matrizes intersectoriais, que permitem dispor da Matriz de Produção Nacional, a preços de produção (no SEC 1970) e a preços de base (no SEC 1995), por diversas razões e vicissitudes, deixou de o fazer, tendo-se passado ao que poderemos considerar a quarta fase de elaboração de matrizes IO, a do (então) Departamento Central de Planeamento, DCP, presidido por um dos autores deste manual (João Ferreira do Amaral), mais tarde rebatizado Departamento de Prospetiva e Planeamento, DPP, extinto em 2013.

Em termos muito sintéticos, pode referir-se que o DCP/DPP produziu já o Sistema de Matrizes de 1992, embora só em termos de finalização, porque o grosso do trabalho foi feito no INE, e também o sistema para o ano de 1995, ambos baseados na metodologia do SEC 1970, a 49 ramos de atividade.

ANÁLISE INPUT-OUTPUT

Depois disso, produziu sistemas quinquenais para 1995 e 1999 (base 1995), sob a direção de Natalino Martins, e para 2005 e 2008 (base 2000), sob a direção de Ana Maria Dias, todos eles enquadrados nos procedimentos metodológicos do SEC 1995, a 59 ramos de atividade.

6.4.1.5 AS MATRIZES IO DO INE (FASE II)

Com a extinção do DPP, em 2013, passa-se então à quinta fase de elaboração de quadros IO simétricos, voltando a ser o INE a assegurar esta tarefa, como aliás lhe compete (e sempre competiu, embora não o fizesse), no âmbito da regulamentação geral de produção de estatísticas do EUROSTAT, para todos os países da União Europeia. No cumprimento desta obrigação, o INE publicou em 2016 o sistema de matrizes intersectoriais para o ano de 2013, a dois níveis de agregação, 64 e 82 ramos de atividade. Faz parte deste sistema a última Matriz de Produção Nacional a preços de base disponível para a economia portuguesa, que é um quadro produto por produto, construído segundo as metodologias do novo Sistema Europeu de Contas – SEC 2010, baseado no SCN 2008.

6.4.1.5 SÍNTESE DAS MATRIZES DE PRODUÇÃO NACIONAL EM PORTUGAL

Em síntese, pode então constatar-se que se dispõe de Matrizes de Produção Nacional, a preços de produção ou a preços de base, para Portugal, com diferentes níveis de desagregação setorial, mas que podem compatibilizar-se entre si, para os seguintes anos: 1959; 1964; 1970; 1974; 1977; 1980; 1982; 1992; 1995; 1999; 2005; 2008; 2013. Trata-se de um valioso repositório de informação intersectorial sobre a economia portuguesa, que se pode considerar que está longe de estar adequada e plenamente explorado.

6.4.2 MATRIZES IO REGIONAIS

O trabalho de construção de matrizes IO regionais em Portugal tem sido relativamente reduzido e intermitente, o que se deve essencialmente ao facto de o organismo oficial produtor de estatísticas, o INE, nunca se ter dedicado a esta tarefa. O primeiro esforço para criar um sistema integrado de quadros IO regionais foi feito pelo GEBEI, na primeira metade da década de 1980, mas por vicissitudes diversas, em que avulta a extinção precoce, e injustificada, deste organismo, não deixou resultados visíveis, embora tenha sido uma experiência importante, inspiradora de trabalhos futuros.

A primeira matriz IO regional disponível em Portugal foi a do Algarve, construída sob a direção de Simões Lopes, para o ano de 1980 (Lopes et al, 1983; 1986). Depois disso, foram construídas mais 2 matrizes para esta região, a matriz IO de 1988 concluída em 1993 no âmbito de uma dissertação de mestrado (Jesus, 1993) e a matriz IO de 1994, elaborada pelo CIDER (Centro de Investigação de Desenvolvimento e Economia Regional) em colaboração com a CCRA (Comissão de Coordenação da Região do Algarve), sob a coordenação geral de João Albino Silva, e concluída em 2001, (CIDER/CCRAlgarve, 2001).

Outras experiências interessantes de análise IO regional foram as da construção da matriz IO para a região da Beira Interior, para o ano de 1986, concluída em 1990, sob a direção de Marques Reigado (Reigado et al, 1990), e da matriz IO da Região Norte, para o ano de 1990, elaborada pela CCRN (Comissão de Coordenação da Região Norte) com o propósito de usá-la como suporte de um modelo económico para a região, e concluída em 1995 (CCRN/MPAT, 1995).

Depois disso, merece destaque a matriz IO da Região Centro, para o ano de 1995, elaborada no contexto de uma dissertação de mestrado, por Ana Sargento, sob a orientação de Pedro Ramos, concluída em 2002 (Sargento, 2002). Desde então, o trabalho destes autores tem tido continuidade em diversos projetos de investigação, de que se destaca, mais recentemente, a construção de matrizes IO para regiões mais pequenas, a da Cova da Beira e a do Pinhal Interior (Ramos et al, 2010).

Finalmente, é inevitável dar o devido destaque a um dos mais completos e sofisticados trabalhos empíricos de economia regional em Portugal, a construção de um sistema de matrizes regionais de Input-Output para a Região Autónoma dos Açores, para o ano de 1998, elaborado pelo CIRIUS (Centro de Investigações Regionais e Urbanas), um centro do ISEG (Instituto Superior de Economia e Gestão), financiado pelo Governo Regional dos Açores, e concluído em 2004, sob a direção de Manuel Brandão Alves e Natalino Martins (ISEG/CIRIUS, 2004).

ANÁLISE INPUT-OUTPUT

As primeiras matrizes IO regionais acima referidas (Algarve, Beira Interior, Região Norte) foram construídas com base no Sistema de Contas Nacionais Portuguesas, SCNP 1977, a 49 ramos de atividade (a lista completa destes ramos é apresentada no Anexo 6.2). As duas matrizes IO regionais mais recentes (Região Centro e Açores), baseiam-se já no Sistema Europeu de Contas, SEC 1995, a 59 ramos de atividade (a lista completa destes ramos está disponível no site do INE: www.ine.pt).

Anexo 6.1: Lista dos 19 Ramos de Atividade do Sistema de Matrizes IO de Martins e Dionízio (1987)

01 Agricultura, Pecuária e Pesca
02 Energia
03 Minerais Metálicos e Metalurgia de Base
04 Produtos Minerais não Metálicos
05 Produtos Químicos
06 Produtos Metálicos, Máquinas e Material Elétrico
07 Material de Transporte
08 Alimentares, Bebidas e Tabaco
09 Têxteis, Curtumes e Calçado
10 Pasta de Papel e Artes Gráficas
11 Madeira, Cortiça e Mobiliário
12 Indústrias Diversas
13 Construção Civil
14 Reparação e Comércio
15 Hoteis, Restaurantes e Cafés
16 Transportes e Comunicações
17 Bancos e Seguros
18 Serviços Comercializáveis
19 Serviços Não Comercializáveis

Anexo 6.2: Lista dos 49 Ramos de Atividade do SCNP – 1977

01 AGRICULTURA
02 SILVICULTURA
03 PESCA
04 CARVAO
05 PETROLEO
06 ELECTRICIDADE, GÁS E ÁGUA
07 PRODUTOS MINERAIS FERROSOS E NÃO FERROSOS
08 PRODUTOS MINERAIS NÃO METÁLICOS
09 PORCELANAS E FAIANÇAS
10 VIDRO
11 OUTROS MATERIAIS DE CONSTRUÇÃO
12 PRODUTOS QUIMICOS
13 PRODUTOS METÁLICOS
14 MÁQUINAS ELECTRICAS
15 MÁQUINAS NÃO ELECTRICAS
16 MATERIAL DE TRANSPORTE
17 CARNE
18 LACTICÍNIOS
19 CONSERVAS DE PEIXE
20 OLEOS E GORDURAS ALIMENTARES
21 PRODUTOS DE CERAIS E LEGUMINOSAS
22 OUTROS PRODUTOS ALIMENTARES
23 BEBIDAS
24 TABACO
25 TEXTEIS E VESTUÁRIO
26 COURO E CALÇADO
27 MADEIRA, CORTIÇA E MOBILIÁRIO
28 PAPEL, ARTES GRÁFICAS E PUBLICAÇÕES
29 BORRACHAS E MATERIAIS PLÁSTICOS
30 OUTRAS INDÚSTRIAS TRANSFORMADORAS
31 CONSTRUÇÃO
32 RECUPERAÇÃO E REPARAÇÃO
33 COMERCIO
34 HOTEIS, RESTAURANTES E CAFÉS
35 TRNSPORTES TERRESTRES
36 TRANSPORTES MARÍTIMOS E AEREOS

37 SERVIÇOS ANEXOS AOS TRANSPORTES

38 COMUNICAÇÕES

39 BANCOS

40 SEGUROS

41 ALUGUER DE HABITAÇÕES

42 SERV PRESTADOS A EMPRESAS

43 SERVIÇOS COMERCIALIZÁVEIS DE EDUCAÇÃO

44 SERVIÇOS COMERCIALIZÁVEIS DE SAUDE

45 OUTROS SERVIÇOS COMERCIALIZÁVEIS

46 SERVIÇOS NÃO COMERCIALIZÁVEIS DAS ADMINISTRAÇÕES PÚBLI-
CAS

47 SERVIÇOS NÃO COMERCIALIZÁVEIS DA EDUCAÇÃO

48 SERVIÇOS NÃO COMERCIALIZÁVEIS DA SAÚDE

49 OUTROS SERVIÇOS NÃO COMERCIALIZÁVEIS

7.
O modelo IO e os preços

Os preços são inegavelmente das variáveis mais importantes em economia mas também das mais difíceis de analisar.

São das mais importantes porque o sistema de preços, que é um sistema de informação, tem um papel basilar nas principais decisões económicas, como sejam qual a quantidade a produzir?, qual a tecnologia a utilizar?, que consumir? O sistema de preços condiciona assim todo o sistema produtivo e todo o sistema de distribuição e utilização de produtos. Como gostava de afirmar o economista sueco Gustav Cassel (1866-1945), que já mencionámos na Introdução, o preço, cuja existência está sempre na escassez de produtos face às necessidades da sociedade, era a informação que permitia ajustar a procura de produtos à sua natural escassez. Era, segundo este economista, um sistema de ajustamento muito mais eficiente do que o racionamento puro e simples.

Durante o século XIX foi-se sedimentando a ideia de que o sistema de preços evoluindo segundo as condições de concorrência perfeita era o grande sistema de informação que permitia guiar a economia para uma situação de equilíbrio, ou seja uma situação em que para todos os produtos a oferta iguala a procura e em que os produtores maximizam os lucros e os consumidores as respectivas utilidades.

Um esforço extraordinário para provar isso mesmo foi o já mencionado modelo de Walras desenvolvido em 1874 por este engenheiro francês e que ainda hoje é a base da teoria do equilíbrio geral que entretanto evoluiu na

ANÁLISE INPUT-OUTPUT

segunda metade do século XX com os trabalhos de Kenneth Arrow (1921-2017) e de Gérard Debreu (1921-2004).

Apesar de ser um extraordinário *tour de force* a teoria do equilíbrio geral de Walras e também a de Arrow-Debreu (que é uma sua descendente) estão longe de se poderem considerar satisfatórias.

Do ponto de vista teórico, as hipóteses que são obrigadas a admitir para poderem tratar um problema tão complexo são de tal forma irrealistas que os resultados dificilmente se poderão aplicar a uma economia real. E na verdade, o que se vai verificando na história económica dos últimos 150 anos é que apesar dos sistemas económicos terem tido evoluções muito díspares nenhum deles parece evoluir segundo o que admite a teoria do equilíbrio geral.

Do ponto de vista da aplicação prática da teoria em questões de política económica, os fracassos são muitos. Tal têm ver com os modelos usados para fundamentar as decisões de política económica, os chamados *Computable General Equilibrium Models* (modelos CGE), também já mencionados na Introdução, baseados na teoria do equilíbrio geral mas que, para poderem ser aplicados a uma economia concreta têm de recorrer a processos de estimação de parâmetros sem base científica e factual minimamente aceitável.

As dificuldades da teoria de equilíbrio geral têm a ver com a característica que há pouco apontámos para os preços: a complexidade do seu comportamento.

O erro da teoria de equilíbrio geral é o de ser demasiado ambiciosa na explicação dos fatores que determinam os preços, o que dada a complexidade do assunto obriga à formulação de hipóteses *a priori* por vezes grotescamente afastadas da realidade.

A análise IO não comete esse erro, embora assumidamente não tente sequer explicar todos os fatores que determinam os preços e reconheça os seus limites nessa matéria. Veremos mais adiante quais são esse limites e em que é que, apesar deles, a análise IO poderá ser útil.

Antes disso, porém convém salientar que desde o início da ciência económica os estudiosos identificaram dois tipos principais de fatores na determinação dos preços: os custos de produção (o preço de venda não pode sistematicamente ser inferior ao custo de produção) e o jogo da oferta e procura. Alguns deles como Adam Smith, David Ricardo e Karl Marx consideravam que o preço por assim dizer, normal[12] era o que resultava dos custos e que as

---

[12] Preço *natural* para Smith e Ricardo, preço da *produção* para Marx.

vicissitudes dos preços em relação a este preço normal resultavam do jogo da oferta e procura no respetivo mercado.

Foi Walras o primeiro a tentar a integração em pé de igualdade dos dois fatores na determinação dos preços de equilíbrio de uma economia. Tentativa que redundou e continua a redundar em fracasso mas que inegavelmente contribuiu, apesar desse fracasso para o desenvolvimento da teoria económica.

A análise IO retoma a tradição de Smith a Marx e encara os preços pelo lado dos custos, o que lhe permite, como se disse, tirar algumas conclusões importantes. De forma nenhuma, porém, se pode vangloriar de poder explicar todos os fatores que explicam a determinação dos preços

O modelo IO com a explicitação dos preços

Como iremos ver a complexidade do tratamento da variável preços vai exigir a formulação de mais seis hipóteses em relação às que formulámos no capítulo 2. Em todo o caso são hipóteses que embora longe de ser inócuas não põem em causa o realismo da análise.

Se queremos introduzir explicitamente os preços no modelo IO a primeira questão que se põe, naturalmente é a de saber como os devemos medir.

À primeira vista nenhum problema existe. Por exemplo, para a produção do sector i, bastará conhecer o montante da produção em unidades físicas, que designamos por x^*_i e multiplicar pelo preço unitário, ou seja pelo preço de uma unidade de produto[13], para obter o valor em unidades monetárias, x_j que é a forma de medir o fluxo da produção (e dos fornecimentos intermédios e finais) que temos utilizado pelas razões que referimos no capítulo 2.

No entanto este processo, que do ponto de vista teórico é inatacável tem um problema intransponível para aplicações práticas da Análise IO: é que, nas estatísticas não dispomos de preços unitários para muitas produções, além de que como referimos no capítulo 2, é difícil saber exatamente como medir, para alguns sectores, a produção em unidades físicas.

Temos portanto de usar um método alternativo, que não necessita de tanta informação como o anterior. Esse método trata os preços não como preços unitários mas como índices de preços.

---

[13] O preço pode ser o preço de aquisição ou o preço básico, distinção que fizemos no capítulo 4. A análise que se segue pode ser realizada para qualquer destes dois tipos de preços, com os ajustamentos adequados.

Vamos ver como.

Seja o valor do fluxo de produção de um dado ano (ano 0) a preços desse ano.

Temos, como vimos

$$x_i^0 = p_i^0 x_i^{*0}$$

em que o símbolo 0 refere-se ao ano 0. Os vetores $\mathbf{p}^0$ e $\mathbf{x}^{*0}$ são desconhecidos, mas é conhecido cada produto $p_i^0 x_i^{*0}$

Então para um outro ano, o ano 1, temos da mesma forma

$$x_i^1 = p_i^1 x_i^{*1}$$

que podemos escrever como:

$$x_i^1 = \frac{p_i^1}{p_i^0} \, (p_i^0 x_i^{*1})$$

ou seja, uma vez que as estatísticas nos dão os valores x_i^1, se conhecermos os valores dos quocientes $\frac{p_i^1}{p_i^0}$, o mesmo é dizer os índices de preços da produção de cada sector com base no ano 0, podemos obter os valores $(p_i^0 x_i^{*1})$, ou seja, os valores da produção do ano 1 valorizados a preços constantes do ano 0. Na realidade é possível conhecer os valores dos *índices de preços* a partir das estatísticas, pois trata-se de uma informação menos exigente que a informação sobre os *preços*.

Passamos então a considerar a simbologia

$p_i \equiv \frac{p_i^1}{p_i^0}$, ou seja, trabalhamos com o índice de evolução dos preços de um dado ano com base num ano anterior previamente escolhido.

Trata-se portanto da seguinte hipótese:

Hipótese 1. Está fixado um ano base dos índices de preços, o nosso ano 0, que continuará a ser a mesma base qualquer que seja o ano (posterior) para o qual trabalharmos com a análise IO.

Mas esta hipótese não basta para podermos trabalhar com preços. É necessário admitir mais duas hipóteses que reduzam a complexidade da análise, que ainda é excessiva.

Hipótese 2. Para cada sector i, os índices de preços de todos os forneci-mentos deste sector seja, para utilizações intermédias, seja para utilizações finais é o mesmo e igual ao índice de preços da produção.

Ou seja por hipótese, $p_i = p_{ij} = p_{iY}$ em que p_{ij} simboliza os índices de preços dos fornecimentos do sector i para cada sector j e p_{iY} o índice de preços dos fornecimentos do sector i para utilização final.

Observação:
Esta hipótese é a forma de ultrapassar o desconhecimento que temos dos preços. Note-se que não exige que os *preços* dos fornecimentos de cada sector i sejam os mesmos, qualquer que seja o tipo de utilização desses forneci-mentos. O que afirma é que a *evolução* desses preços seja a mesma, o que para muitas das utilizações da Análise IO é uma hipótese perfeitamente razoável.

Temos agora de fazer uma hipótese que altera um pouco a hipótese do capítulo 2 da constância dos coeficientes técnicos.

Hipótese 3. Os coeficientes técnicos calculados do ano 1 a preços do ano base (ano 0) são constantes e iguais aos valores do ano 0 calculados a preços correntes desse mesmo ano

Ou seja, para um ano 1 qualquer e um ano 0 fixo temos que a quantidade

$$a_{ij} = \frac{p_{ij}^0 x_{ij}^{*1}}{p_j^0 x_j^{*1}}$$ é considerada constante e igual ao valor a preços correntes

calculado para o ano 0 ou seja, por esta hipótese e atendendo que pela hipó-tese 2 se tem sempre

$p_{ij} = p_i$ verifica-se a igualdade:

$$\frac{p_i^0 x_{ij}^{*1}}{p_j^0 x_j^{*1}} = \frac{p_i^0 x_{ij}^{*0}}{p_j^0 x_j^{*0}}$$

Repare-se que não temos qualquer dificuldade em conhecer os valores $\frac{p_i^0 x_{ij}^{*0}}{p_j^0 x_j^{*0}}$ uma vez que são dados pelas estatísticas do ano 0 (no ano 0 cada coe-ficiente técnico é obtido simplesmente como sendo o quociente do valor de cada fornecimento intermédio pelo valor da produção do sector utilizador).

Vamos ver como estas hipóteses nos permitem escrever as equações para a obtenção do VAB.

ANÁLISE INPUT-OUTPUT

Em primeiro lugar, note-se que para valores de produção e fornecimentos do ano 1 e com a hipótese 3 se tem que os coeficientes técnicos calculados para o ano 1 a preços correntes desse ano são, para todo o par i,j:

$$\frac{x_{ij}^1}{x_j^1} \equiv \frac{\frac{p_i^1}{p_i^0}\left(p_i^0 x_{ij}^{*1}\right)}{\frac{p_j^1}{p_j^0}\left(p_j^0 x_j^{*1}\right)} \equiv \frac{p_i}{p_j} a_{ij}$$

em que $p_i \equiv \frac{p_i^1}{p_i^0}$ para todos os i conforme a simbologia introduzida anteriormente, a seguir à hipótese 2.

Podemos agora prosseguir.

Como vimos no capítulo 2, para cada sector j, o valor acrescentado do ano 1 a preços correntes desse ano é dado por:

$$vab_j = x_j - \sum_{i=1}^n x_{ij}$$

ou seja, pelas hipóteses e equações anteriores:

$$(3) \qquad \frac{vab_j}{x_j} = 1 - \sum_{i=1}^n \frac{p_i}{p_j} a_{ij}$$

Por outro lado, o valor acrescentado de cada sector, como se viu nos capítulos 2, 3 e 4 é a soma dos custos salariais mais os rendimentos não salariais, que para simplificar, consideramos serem basicamente lucros da atividade de cada sector.

Ou seja, para cada j:

$vab_j = W_j + ebe_j$ em que W_j são os custos salariais pagos pelo sector j (para simplificar, embora de forma menos rigorosa designamos como "salários") e ebe_j os rendimentos não salariais gerados no sector, que denominámos no capítulo 4 Excedente Bruto de Exploração.

Vamos fazer três hipóteses respetivas para estas duas parcelas do vab.

Comecemos pelos custos salariais.

Ao contrário do que fizemos no capítulo 4 agora temos que considerar explicitamente os preços. Fazemos então a seguinte hipótese:

Hipótese 4. Para cada sector j, o peso dos custos salariais na produção é constante quando medido a salários do ano 0 e a preços do ano 0 e é igual ao valor do ano 0.

Designando por l_j, como fizemos no capítulo 4, o montante do emprego no sector j, a hipótese diz-nos que:

$$\frac{w_j^0 l_j^1}{p_j^0 x_j^{*1}} = \frac{w_j^0 l_j^0}{p_j^0 x_j^{*0}}$$

Designemos, como fizemos no capítulo 4, por w_j^* o quociente $\frac{w_j^0 l_j^0}{p_j^0 x_j^{*0}}$, ou seja

$$\frac{w_j^0 l_j^0}{p_j^0 x_j^{*0}} \equiv w_j^*$$

O coeficiente w_j^* será, portanto, constante por hipótese, ao longo do tempo quando medido a preços do ano base, 0.

Hipótese 5. A variação dos custos salariais entre os anos é idêntica em todos os sectores e será designada por w_c

Ou seja,

$$\frac{w_j^1}{w_j^0} = \frac{w_k^1}{w_k^0} = \cdots \equiv w_c$$

Com mais esta hipótese 5, sendo w_j^1 o salário médio do ano 1 do sector j, incluindo todos os custos salariais (e w_j^0 o mesmo para o ano 0) e l_j o emprego no sector j, temos que os custos salariais no ano 1 serão, para cada sector j por unidade de produção a preços desse ano 1:

$$\frac{w_j^1 l_j^1}{p_j^1 x_j^{*1}} = \frac{\dfrac{w_j^1}{w_j^0}(w_j^0 l_j^1)}{\dfrac{p_j^1}{p_j^0}(p_j^0 x_j^{*1})}$$

Com a simplificação da notação para os preços e os salários vem, rearranjando os termos do quociente

$$\frac{w_j^1 l_j^1}{p_j^1 x_j^{*1}} = \frac{w_c}{p_j} \frac{(w_j^0 l_j^1)}{(p_j^0 x_j^{*1})}$$

Mas pela hipótese 4 de constância dos custos salariais por unidade de produção tem-se:

$$(4) \qquad \frac{w_j^0 l_j^1}{p_j^0 x_j^{*1}} = \frac{w_j^0 l_j^0}{p_j^0 x_j^{*0}} \equiv w_j^*$$

Podemos finalmente escrever:

$$\frac{w_j^1 l_j^1}{p_j^1 x_j^{*1}} = \frac{w_c}{p_j} w_j^*$$

Ou seja, se designarmos por W_j^1 a massa salarial paga pelo sector j no ano 1 (portanto a salários desse ano), $W_j^1 \equiv w_j^1 l_j^1$ e sendo, como sabemos, $p_j^1 x^{*1}{}_j \equiv x_j^1$, ou seja a produção do sector j no ano 1 a preços desse mesmo ano, temos de forma mais compacta, sem o índice 1 que podemos eliminar para simplificar a escrita, desde que não haja possibilidade de confusão:

$$(5) \qquad \frac{W_j}{x_j} = \frac{w_c}{p_j} w_j^*.$$

Utilizaremos esta expressão mais adiante.

Note-se ainda que, quando o salário w_j^0 é igual à unidade, se tem da expressão (4)

$$(6) \qquad w_j^* \equiv \frac{l_j^0}{p_j^0 x_j^{*0}} = \frac{l_j^0}{x_j^0}$$

para cada sector j.

Vamos agora à hipótese sobre o EBE.

Hipótese 6. O EBE de cada sector j é obtido através de uma margem, λ_j (em inglês, *mark up*) incidindo sobre o total dos custos salariais e de fornecimentos intermédios suportados pelo sector.

Antes de prosseguir vamos fazer a seguinte simplificação: para tornar mais simples a notação e sempre que não haja perigo de confusão deixaremos de referir os símbolos 1 e 0 referentes aos anos (ano que estamos a estudar e ano base, respetivamente).

Temos então, para cada setor j:

$$ebe_j = \lambda_j \left(\sum_{i=1}^{n} x_{ij} + W_j \right)$$

Podemos agora combinar o que deduzimos das hipóteses anteriores. Substituindo as expressões relevantes, obtemos

$$\frac{vab_j}{x_j} = \frac{W_j}{x_j} + \frac{ebe_j}{x_j} = \left(1 + \lambda_j\right)\frac{W_j}{x_j} + \lambda_j \frac{\sum_{i=1}^{n} x_{ij}}{x_j} = \left(1 + \lambda_j\right)\frac{w_c}{p_j} w_j^* + \lambda_j \sum_{i=1}^{n} \frac{p_i}{p_j} a_{ij}$$

Usando a equação (3) acima podemos escrever para cada sector j

$$1 = \left(1 + \lambda_j\right)\frac{w_c}{p_j} w_j^* + \lambda_j \sum_{i=1}^{n} \frac{p_i}{p_j} a_{ij} + \sum_{i=1}^{n} \frac{p_i}{p_j} a_{ij} = \left(1 + \lambda_j\right)\frac{w_c}{p_j} w_j^* + \left(1 + \lambda_j\right) \sum_{i=1}^{n} \frac{p_i}{p_j} a_{ij}$$

Multiplicando ambos os membros por p_j

(7) $\quad p_j = \left(1 + \lambda_j\right) w_c w_j^* + \left(1 + \lambda_j\right) \sum_{i=1}^{n} p_i a_{ij}$

Ou seja, em termos matriciais

$$\mathbf{p} = (\widehat{1 + \lambda})\mathbf{w}^* w_c + (\widehat{1 + \lambda})\mathbf{A}^{\mathrm{T}}\mathbf{p}$$

donde, existindo a inversa:

$$\mathbf{p} = \left[\mathbf{I} - (\widehat{1 + \lambda})\mathbf{A}^{\mathrm{T}}\right]^{-1}\left[(\widehat{1 + \lambda})\ \mathbf{w}^*\right]w_c$$

Em que $(\widehat{1 + \lambda})$ e $\mathbf{w}^*$ são, respetivamente, uma matriz diagonal e um vetor, sendo $\mathbf{w}^*$ o vetor de elementos w_j^* e $\mathbf{p}$ o vetor dos preços. Note-se ainda que nesta determinação de preços temos a matriz transposta $\mathbf{A}^{\mathrm{T}}$ em vez de $\mathbf{A}$ (*Sugestão: explique porquê*) e que sendo w_c um número pode pré-multiplicar ou pós-multiplicar uma matriz que o resultado é o mesmo.

Esta expressão liga muito diretamente a evolução dos preços à evolução dos salários.

Observação 1

Note-se que se todos os w_j e também w_c são iguais à unidade também todos os p_j o são.

Para verificar que assim é basta considerar a igualdade (7).

$$p_j = (1 + \lambda_j)w_c w_j^* + (1 + \lambda_j) \sum_{i=1}^n p_i a_{ij} \text{ com } w_c \text{ e todos os } w_j = 1.$$

Suponhamos agora que também todos os $p_j = 1$.

Vem, usando o resultado da igualdade (6):

$$1 = (1 + \lambda_j)\left[\frac{l_j^0}{x_j^0} + \sum_{i=1}^n a_{ij}\right]$$

Como por definição, quando todos os salários e preços são iguais à unidade:

$$\lambda_j = \frac{ebe_j}{\left[\frac{l_j}{x_j} + \sum_{i=1}^n a_{ij}\right] x_j}$$

tem-se:

$$1 = \left[\frac{l_j}{x_j} + \sum_{i=1}^n a_{ij}\right] + \frac{ebe_j}{x_j}$$

Multiplicando ambos os membros por x_j e atendendo que por hipótese $w_j = 1$ obtemos

$$x_j = W_j + ebe_j + \sum_{i=1}^n x_{ij}$$

que é uma nossa bem conhecida igualdade contabilística.

Note-se ainda que é sempre possível considerar no ano base os $w_j = 1$, bastando para isso alterar os coeficientes l_j^* para novos coeficientes $w_j l_j^*$, com o cuidado de adequar a interpretação dos novos coeficientes, que passam a ser, não coeficientes de emprego mas coeficientes de custos salariais de cada sector (ver anteriormente capítulo 4) avaliados a salários do ano base. Esta operação, que não altera os valores numéricos, facilita a interpretação dos resultados quando não se dispõe dos valores dos salários médios setoriais no ano base, o que sucede frequentemente. Não é no entanto o caso do exemplo numérico seguinte.

Observação 2

Na dedução anterior admitimos que todos os salários variam à mesma taxa e daí a consideração do número w_c.

No entanto podemos ter ritmos diferentes de variação dos salários consoante o sector, ou seja, w_{ci} diferenciados consoante o sector i.

A dedução neste caso é semelhante, sendo a expressão final dada por

$$\mathbf{p} = \left[\mathbf{I} - \overbrace{(1 + \lambda)}\mathbf{A}^{\mathrm{T}}\right]^{-1}\left[\overbrace{(1 + \lambda)}\ \mathbf{Wc}\ \mathbf{w}^*\right]$$

em que **Wc** é a matriz diagonal cujos elementos da diagonal principal são os w_{ci} e **w*** é o vetor dos w^*_j.

O exemplo seguinte ilustra este este caso de ritmos sectoriais diferentes de variação dos salários.

Exemplo numérico

Consideremos uma economia fechada de dois sectores onde para um dado ano 0 se conhecem os seguintes valores em unidades monetárias:

$$x_1 = 100 \quad x_{11} = 40 \quad x_{12} = 20$$

$$x_2 = 200 \quad x_{21} = 10 \quad x_{22} = 60$$

Por outro lado, sabe-se ainda que o salário médio é igual nos dois sectores e igual a 1 unidade monetária por milhar de trabalhadores e sabe-se também que o número de trabalhadores é de 30 milhares no sector 1 e de 80 no sector 2.

Finalmente a taxa de margem é de 25% no sector 1 e de 25% no sector 2.

Pretende-se calcular o efeito nos preços de um aumento de 10% no salário do sector 1 e de 5% no salário do sector 2 em relação aos salários do ano 0, tudo o resto se mantendo constante.

Resolução:

Em primeiro lugar, vamos complementar os dados acima indicados. Assim, podemos deduzir os valores dos vab:

$$vab_1 = 100 - (40 + 10) = 50$$

$$vab_2 = 200 - (20 + 60) = 120$$

A massa salarial do sector 1 é $W_1 = 1 \times 30 = 30$ e a do sector 2 $W_2 = 1 \times 80 = 80$
Subtraindo estes valores respetivamente aos vab dos dois sectores, obtemos os montantes dos excedentes brutos de exploração, que são $ebe_1 = 50 - 30 = 20$ e $ebe_2 = 120 - 80 = 40$
As taxas de margem são assim para o sector 1

$$\lambda_1 = 20 / (40 + 10 + 30) = 0,25 \text{ e para o sector 2}$$

$$\lambda_2 = 40 / (20 + 60 + 80) = 0,25$$

Finalmente o vetor dos coeficientes de emprego tem as seguintes componentes:

$$l_1 = 30/100 = 0,3 \text{ e } l_2 = 80/200 = 0,4$$

E, portanto, como por hipótese os salários do ano base são nos dois sectores 1 unidade monetária por milhares de trabalhadores, temos

$$w^*_1 = 1.0,3 = 0,3 \text{ e } w^*_2 = 1.0,4 = 0,4$$

Precisamos também da matriz dos coeficientes técnicos (ou melhor da sua transposta).
com base nos dados fornecidos obtemos[14]

$$\mathbf{A}^{\mathrm{T}} = \begin{bmatrix} 0,4 & 0,1 \\ 0,1 & 0,3 \end{bmatrix}$$

Temos agora todos os dados necessários para resolver o problema.

---

[14] Neste exemplo calhou a matriz **A** ser idêntica à sua transposta, uma vez que é simétrica. Em geral tal não é o caso.

Comecemos por usar a expressão

$$\mathbf{p} = \left[\mathbf{I} - (\widehat{1+\lambda})\mathbf{A}^\mathsf{T}\right]^{-1}\left[(1 + \widehat{\lambda})\widehat{\mathbf{W}}cw*\right]$$

para calcular os valores dos preços no ano 0. Tem-se:

$$\mathbf{p} = \begin{bmatrix} 2,105 & 0,421 \\ 0,421 & 1,684 \end{bmatrix}\begin{bmatrix} 0,375 \\ 0,500 \end{bmatrix} = \begin{bmatrix} 1,000 \\ 1,000 \end{bmatrix}$$

(Sugestão: explique, porque neste caso a matriz $\widehat{\mathbf{W}}c$ é a matriz identidade)

tal como já tínhamos referido, sucede sempre obter-se valores unitários para os índices de preços quando se consideram também valores unitários para os salários.

Calculemos agora os preços com o aumento salarial.

A única matriz que muda é a matriz $\widehat{\mathbf{W}}c$ que passa de $\widehat{\mathbf{W}} = \begin{bmatrix} 1 & 0 \\ 0 & 1 \end{bmatrix}$ para

$\widehat{\mathbf{W}}_c = \begin{bmatrix} 1,1 & 0 \\ 0 & 1,05 \end{bmatrix}$.

Temos então

$$\mathbf{p} = \begin{bmatrix} 2,105 & 0,421 \\ 0,421 & 1,684 \end{bmatrix}\begin{bmatrix} 0,413 \\ 0,525 \end{bmatrix}\begin{bmatrix} 1,090 \\ 1,058 \end{bmatrix}$$

Ou seja, o índice do preço da produção do sector 1 sobe 9,0 % e o do sector 2 sobe 5,8%.

Vamos calcular todos os valores que resultam destes novos preços.

Em primeiro lugar, a matriz $\mathbf{A}$ corrigida pelos novos preços vem agora

$$\mathbf{A} = \begin{bmatrix} 0,400 & 0,103 \\ 0,097 & 0,300 \end{bmatrix}$$

pois o novo valor de $a_{12} = 0,1 \times (1,090/1,058)$ e o de $a_{21} = 0,1 \times (1,058/1,090)$. Os elementos da diagonal principal ficam evidentemente sem alteração.

Os valores da produção serão agora

$$x_{1} = 100 \times 1,090 = 109,0$$

$$x_{2} = 200 \times 1,058 = 211,6$$

os vab são

ANÁLISE INPUT-OUTPUT

$$vab_1 = (1 - 0,400 - 0,097) \times 109,0 = 54,8$$

$$vab_2 = (1 - 0,103 - 0,300) \times 211,6 = 126,3$$

$$W_1 = 30 \times 1,1 = 33$$

$$W_2 = 80 \times 1,05 = 84$$

$$ebe_1 = 54,8 - 33 = 21,8$$

$$ebe_2 = 126,3 - 84 = 42,3$$

E as taxas de margem

$$\lambda_1 = 21,8/(43,6 + 10,6 + 33) = 0,25$$

$$\lambda_2 = 42,3/(21,8 + 63,5 + 84) = 0,25$$

Os valores das taxas de margem assim obtidos permitem confirmar a justeza do cálculo, uma vez que são valores idênticos aos da situação inicial, tal como tinha sido suposto.

Preços e comércio externo
Avaliar os impactes sobre os preços internos da evolução dos preços internacionais é muita vezes um importante elemento na explicação dos factos económicos ou na formulação da política económica.

O que está em causa é calcular o vetor p dos índices de preços da produção que resulta de um dado vetor, em moeda interna, dos índices de preços das importações, p^{im}. O vetor dos índices de preços das importações reflete quer a evolução os preços em moeda internacional (por exemplo dólares) dos produtos importados quer a evolução do câmbio da moeda que o país usa (por exemplo, o euro) em relação ao valor da moeda internacional em que são estabelecidos os preços dos produtos importados. Neste exemplo a taxa de câmbio euro-dólar teria que ser tomada em conta na obtenção do vetor p^{im}. Se, para ainda seguir o mesmo exemplo, o euro se desvalorizar 10% em relação ao dólar, mesmo sem outras alterações de preços, as componentes de p^{im} que correspondam a produtos cujo preço seja internacionalmente estabelecido em dólares, iriam aumentar 10%.

Veremos mais adiante no capítulo 13 a utilização deste modelo para estudar o impacte de um aumento do preço do petróleo sobre os preços de produção sectorial em Portugal.

A forma de proceder para estudar este tipo de impactes é fácil de obter a partir da análise que fizemos do comércio externo no capítulo 3.

A partir da igualdade

$p_j = (1 + \lambda_j)w_j l_j^* + (1 + \lambda_j)\sum_{i=1}^n p_i a_{ij}$, em economia fechada podemos considerar a igualdade correspondente em economia aberta como sendo:

$$p_j = (1 + \lambda_j)w_j l_j^* + (1 + \lambda_j)\sum_{i=1}^n p_i a_{ij}^D + (1 + \lambda_j)\sum_{i=1}^n p_i^{im} m_{ij}^*$$

Em que partimos os coeficientes totais a_{ij} nas duas parcelas $a_{ij}^D + m_{ij}^*$.

Resolvendo, como fizemos na economia fechada, obtemos em termos vetoriais/matriciais

$$\mathbf{p} = \left[\mathbf{I} - \widehat{(1+\lambda)}\mathbf{A^{DT}}\right]^{-1}\widehat{(1+\lambda)}\left[\widehat{\mathbf{Wc}}\,\mathbf{w}^* + \mathbf{M^{*T}}\mathbf{p^{im}}\right]$$

De forma semelhante ao que sucede em economia fechada, é fácil de verificar que com todos os $w_i = 1$ e

$$\mathbf{p^{im}} = [1,1...1]^T$$

se obtém

$$\mathbf{p^{im}} = [1,1...1]^T$$

Exemplo numérico

Seja a mesma economia anterior mas com a matriz

$\mathbf{A^T} = \begin{bmatrix} 0,4 & 0,1 \\ 0,1 & 0,3 \end{bmatrix}$ representando a matriz transposta dos coeficientes totais assim dividida

$$\mathbf{A^{DT}} = \begin{bmatrix} 0,30 & 0,10 \\ 0,05 & 0,30 \end{bmatrix} \qquad \mathbf{M^{*T}} = \begin{bmatrix} 0,10 & 0,00 \\ 0,05 & 0,00 \end{bmatrix}$$

Pretende-se calcular o impacte nos preços internos da produção de um aumento de 10% nos preços de importação de cada um dos sectores, ou seja $\mathbf{p^{im}} = [1,1 \quad 1,1]^T$

Fazendo os cálculos com a fórmula anterior obtemos

$$\mathbf{p} = [1,022 \quad 1,012]^T$$

ANÁLISE INPUT-OUTPUT

Ou seja, o preço da produção do sector 1 aumenta 2,2% e o do sector 2 aumenta 1,2% em resposta a um aumento de 10% em cada um dos dois preços de importação.

8.
O modelo IO e o crescimento económico

A análise input-output pode contribuir para um melhor conhecimento das questões que o crescimento económico a médio prazo põe a uma dada economia. No entanto, o fenómeno do crescimento económico é muito complexo e todas as explicações que a teoria económica tem dado da sua ocorrência e sustentação são na melhor das hipóteses parciais, algumas quase irrelevantes. Não é a análise input-output que por si só permite compreender o crescimento económico. Mas pode contribuir para a compreensão da vertente sectorial do crescimento e o objetivo do presente capítulo é justamente o de fornecer uma introdução à utilização da análise input-output no estudo do crescimento económico.

Quando tratamos do crescimento económico a médio prazo inevitavelmente temos de falar da produção em duas vertentes: em primeiro lugar temos que estudar a *evolução* ao longo do tempo da capacidade produtiva da economia; em segundo lugar não podemos deixar de abordar a evolução da *utilização* dessa capacidade.

Ou seja, o crescimento económico tem a ver com o progresso da satisfação das necessidades de consumo de uma sociedade. Essa satisfação é permitida em maior ou menor grau consoante a capacidade produtiva da economia evolua mais ou menos rapidamente e consoante a utilização dessa capacidade seja maior ou menor.

Assim sendo, começamos por abordar a questão da capacidade produtiva no modelo IO.

ANÁLISE INPUT-OUTPUT

8.1 CAPACIDADE PRODUTIVA.

Vamos admitir, como até aqui uma economia de n sectores/produtos. Para cada sector i e para cada ano t (temos agora de considerar explicitamente o tempo, pois o crescimento económico é um fenómeno dinâmico) admite-se a existência de uma capacidade produtiva máxima que designaremos por x^*_{t}. Em termos vetoriais temos assim um vetor das capacidades máximas sectoriais $\mathbf{x}^*_{t}$.

Observações
1. Para algum dos setores, nomeadamente dos serviços, é por vezes difícil encontrar um valor para a capacidade máxima de produção. Mas concetualmente o conceito não oferece dificuldade.
2. O facto de cada sector i no ano t poder produzir um valor x^*_{i} não garante que *todos* os sectores possam ao mesmo tempo esgotar a sua capacidade produtiva. O mesmo é dizer que o vetor $\mathbf{x}^*_{t}$ poderá não ser suscetível de ser efetivamente produzido. Um de nós abordou esse tema em Amaral (1991) através do conceito de flexibilidade.

Estabelecido o vetor da capacidade produtiva máxima põe-se agora a questão de saber quais os fatores que a vão determinando ao longo do tempo.

A teoria do crescimento considera normalmente a capacidade produtiva como decorrendo da acumulação de três tipos de fatores, os chamados *fatores produtivos primários*: capital físico (ou seja acumulação de equipamento), capital humano (ou seja acumulação de qualificações da mão de obra) e inovação (ou seja, capacidade de inovar, também por vezes denominada de forma mais redutora progresso técnico).[15]

A análise input-ouput aborda normalmente apenas o impacte do capital físico na evolução da capacidade produtiva. Embora existam trabalhos que têm conseguido introduzir com êxito questões de capital humano e inovação, dada a complexidade desses trabalhos que vão muito para além do carácter introdutório do presente manual, optamos por nos centrar no capital físico, dentro da ideia já referida que a análise input-output não constitui uma explicação total do crescimento económico multi-sectorial. Embora

---

[15] Em termos estáticos, tal como vimos no capítulo 4, podemos focar-nos apenas no capital e no trabalho.

este centrar no capital físico, ainda que possa ser considerado teoricamente redutor, a verdade é que possibilita, mesmo assim, a consideração de condicionantes ao crescimento que são de grande utilidade para a formulação de políticas. Daí a razão de introduzirmos a análise que se segue.

Centrando-nos no capital físico ou seja no equipamento existente em cada sector vamos admitir que existe informação para cada um dos sectores sobre o valor do equipamento que está apto a produzir no início do ano t.

Se designarmos por k^*_{it} o valor desse equipamento de produção existente no sector i no início do ano t podemos representar todos estes valores sectoriais num vetor k^*_t que nos dá o valor do equipamento produtivo ou, como começaremos agora chamar do capital físico existente, sector a sector, na economia no início do ano t.

Como ligar a capacidade produtiva possível de ser utilizada no ano t ao capital existente no início desse ano?[16]

A forma mais simples e a que já estamos habituados no modelo IO é considerar uma ligação proporcional, ou seja para cada sector i consideraremos um coeficiente constante k_i dado por $k_i \equiv k^*_{it}/x^*_{it}$, que também permite escrever $x^*_{it} = k^*_{it}/k_i$, relação que utilizaremos mais adiante.

O coeficiente k_i é o chamado *coeficiente capital produção* do sector i. Será razoável a hipótese de cada sector ter o seu coeficiente capital produção constante? A situação é semelhante à constância dos coeficientes técnicos: a experiência empírica demonstra que há uma grande estabilidade dos coeficientes capital produção em cada sector, provavelmente ainda superior à constância dos coeficientes técnicos que, como se viu, é uma hipótese razoável desde que não seja assumida para períodos muito longos.

Cada coeficiente k_i pode interpretar-se, fazendo $x^*_{it} = 1$ como sendo o valor de capital físico necessário para produzir uma unidade monetária no sector i. Estes valores diferenciam-se muito entre sectores. Existem sectores chamados *capital-intensivos* em que o valor do respetivo coeficiente capital produção atinge 5^{17} ou mesmo 10 e outros em que esse valor não vai além

---

[16] Repare-se que o capital físico (tal como por exemplo a população de um país) é uma variável chamada de *stock*, ou seja o seu valor é medido em unidades, neste caso monetárias, num dado *momento*, enquanto a produção e a capacidade produtiva são medidas em unidades monetárias para um *período* (neste caso um ano) e não medidas num momento. Estas são, por isso, variáveis chamadas variáveis de *fluxo*.

[17] O coeficiente capital produção não é um número abstrato. A unidade em que se mede é o período temporal (neste caso o ano). Um coeficiente igual cinco para um dado sector significa

de 1 ou até menos. Naturalmente os sectores que são mais capital-intensivos tendem a empregar proporcionalmente menos gente, isto é tendem a ser pouco trabalho-intensivos e vice-versa.

Com estas hipóteses podemos escrever em termos vetoriais:

$$(1) \quad \mathbf{x}_t^* = \left(\hat{\mathbf{k}}\right)^{-1} \mathbf{k}_t^*$$

Em que $\left(\hat{\mathbf{k}}\right)^{-1}$ é a matriz inversa da matriz diagonal dos coeficientes produção-capital ou seja, é matriz diagonal dos recíprocos dos coeficientes capital-produção. Os seus elementos da diagonal principal são, pois, os valores $1/k_i$.

A acumulação de capital físico resulta do investimento, mais corretamente da formação bruta de capital fixo.

Com efeito, o valor do stock de capital físico no início do ano t+1 é igual ao valor do stock de capital que existia no início do ano t mais a formação bruta de capital fixo realizada no ano t menos o valor da parte desta formação bruta de capital fixo que se destinou a substituir equipamento que deixou de ser utilizado durante o ano t, a chamada amortização do equipamento.

Para simplificar a análise admitiremos que a formação bruta de capital fixo é igual ao investimento (ou seja, que a variação de existências é nula) e que a parte da formação de capital destinada a amortização do equipamento é uma percentagem ϕ^{18} – igual para todos os sectores – que incide sobre o valor de cada stock de capital sectorial. Ou seja, combinando estas hipóteses têm-se em termos vetoriais:

$$(2) \quad \mathbf{k}_{t+1}^* = \mathbf{k}_t^* + \mathbf{I}_t^* - \varphi \mathbf{k}_t^* = (1 - \varphi)\mathbf{k}_t^* + \mathbf{I}_t^*$$

Antes de prosseguirmos, temos de explicar por que razão designámos o vetor do investimento por $\mathbf{I}_t^*$ e não por $\mathbf{I}_t$ como temos vindo a fazer até aqui. A razão é esta:

O vetor $\mathbf{I}_t^*$ tem como componentes o investimento *realizado em cada sector*: quanto se investiu na agricultura, na indústria têxtil, nos transportes aéreos, etc..

---

que é necessário acumular em equipamento um valor equivalente a cinco anos de valor da produção anual desse sector.

[18] Esta hipótese simplificadora pode facilmente ser substituída pela hipótese de os setores terem taxas de amortização diferenciadas.

Cada componente do vetor I_t tem um significado diferente: é o valor dos bens de equipamento que o sector correspondente a essa componente *forneceu* à economia: o valor dos edifícios ou das barragens que o sector da construção civil finalizou, o valor dos camiões que a indústria automóvel produziu para utilização interna, o valor das máquinas, etc.

Veremos mais adiante como ligar estes dois vetores I^*_t e I_t, porque na realidade trata-se do mesmo valor do investimento total, embora desagregado de duas formas diferentes.

Antes disso voltemos às expressões (1) e (2). Combinando as duas, podemos escrever:

$$x^*_{t+1} = (1 - \varphi)x^*_t + \left(\hat{k}\right)^{-1}I^*_t$$

E assim podemos obter a evolução da capacidade produtiva num ano desde que conheçamos a capacidade produtiva do ano anterior e o investimento realizado em cada sector nesse ano anterior.

Tratámos portanto do primeiro ponto, o da capacidade produtiva. Vamos agora ao segundo ponto: o da produção efetivamente realizada.

Utilização da capacidade produtiva
Este segundo ponto tratamos mais facilmente. Vamos considerar uma economia fechada para não complicarmos excessivamente a análise.

Temos, como desde o capítulo 2, a expressão para cada ano t:

$$(3) \qquad x_t = (I - A)^{-1}(C_t + I_t)$$

em que C_t é o vetor do consumo (a economia é fechada e portanto não consideramos exportações).

Temos agora de proceder à ligação deste vetor I_t com o vetor I^*_t. A maneira mais simples de o fazer, e que empiricamente se tem revelado sólida, é considerar uma matriz quadrada (nxn) N de elementos n_{ij} e tal que:

$$I_t = N \, I^*_t$$

É fácil de ver que cada elemento n_{ij} é a proporção dos bens de equipamento que o sector j comprou e que provêm do sector i no total dos bens de equipamento que o sector j comprou. Deste significado de n_{ij} deduzem-se imediatamente duas conclusões:

- uma vez que diversos setores não produzem bens de equipamento, as correspondentes linhas de **N** são linhas de zeros;
- uma vez que os n_{ij} são proporções, a soma dos elementos de cada coluna de **N** é igual à unidade.

Exemplo numérico:

Consideremos uma economia de três setores em que o setor 1 fornece 20% do investimento realizado no próprio setor, 30% do investimento no setor 2 e 35% do investimento no setor 3. O setor 2 fornece 80% do investimento realizado no setor 1, 70% do investimento no setor 2 e 65% do investimento no setor 3. O setor 3 não produz bens de equipamento.

Finalmente sabe-se que se investiu 100 unidades monetárias no setor 1, 200 no setor 2 e 150 no setor 3. Queremos obter o valor que cada setor produziu de bens de equipamento.

Temos:

$$\mathbf{I} = \mathbf{NI}^* = \begin{bmatrix} 0{,}20 & 0{,}30 & 0{,}35 \\ 0{,}80 & 0{,}70 & 0{,}65 \\ 0{,}00 & 0{,}00 & 0{,}00 \end{bmatrix} \begin{bmatrix} 100 \\ 200 \\ 150 \end{bmatrix} = \begin{bmatrix} 132{,}5 \\ 317{,}5 \\ 0{,}0 \end{bmatrix}$$

Assim, o sector 1 produziu 132,5 unidades monetárias de bens de equipamento, o sector 2 317,5 unidades monetárias e o sector 3 não produziu nada, uma vez que por hipótese é um sector que não produz bens de equipamento. Como não podia deixar de ser, somando o valor das componentes de **I** e **I*** obtemos o mesmo valor, 450 unidades monetárias, que é o valor do total do investimento realizado na economia.

Note-se ainda que como se disse, a soma, para cada coluna de elementos da matriz **N** é igual a 1.

Prossigamos.

Na equação 3 podemos substituir $\mathbf{I}_t$ por $\mathbf{NI}^*_t$ e obtemos:

$\mathbf{x}_t = (\mathbf{I} - \mathbf{A})^{-1}(\mathbf{C}_t + \mathbf{NI}^*_t)$, que é válido para todo o t e portanto também para t+1:

$$\mathbf{x}_{t+1} = (\mathbf{I} - \mathbf{A})^{-1}(\mathbf{C}_{t+1} + \mathbf{NI}^*_{t+1}),$$

Por outro lado, por (2):

$$\mathbf{x}^*_{t+1} = (1 - \varphi)\mathbf{x}^*_t + (\hat{\mathbf{k}})^{-1}\mathbf{I}^*_t$$

Como a produção efetivamente realizada não pode em cada sector ser superior à capacidade produtiva desse sector, temos:

$$x_{t+1} \leq x^*_{t+1}$$

Ou seja:

$$(I - A)^{-1}(C_{t+1} + NI^*_{t+1}) \leq (1 - \varphi)x^*_t + (\hat{k})^{-1}I^*_t$$

Como no ano t+1 os valores do ano anterior já não se podem alterar, o segundo membro é fixo pelo que esta desigualdade nos dá um limite para escolha, no ano t+1, da possibilidade de repartir em cada sector os gastos em consumo (C_{t+1}) ou em investimento (I^*_{t+1}).

Sendo que a escolha entre privilegiar o consumo ou o investimento é uma das opções mais essenciais na definição da política de crescimento de uma economia, a análise IO fornece-nos assim um elemento importante (embora, como se disse, não completo) de informação que auxilia a realizar uma escolha melhor fundamentada.

Exemplo numérico

Consideremos uma economia fechada de dois setores em que apenas um deles produz bens de equipamento.

A matriz dos coeficientes técnicos é:

$$A = \begin{bmatrix} 0,270 & 0,364 \\ 0,135 & 0,242 \end{bmatrix}$$

Cuja inversa de Leontief é:

$$B = \begin{bmatrix} 1,503 & 0,722 \\ 0,268 & 1,448 \end{bmatrix}$$

O coeficiente capital produção do setor 1 é k_1 = 4,0 e o do setor 2 é k_2 = 0,5. A percentagem φ de substituição de equipamentos é de 2% ou seja, φ = 0,02.

O investimento realizado no ano t no setor 1 foi de 100 unidades monetárias e no setor 2 foi de 20 unidades monetárias. A capacidade de produção existente no setor 1 no ano t era de 450 unidades monetárias e no setor 2 era de 210 unidades monetárias.

Pretende-se determinar numericamente, para o ano t+1 a relação

$$(I - A)^{-1}(C_{t+1} + NI^*_{t+1}) \leq (1 - \varphi)x^*_t + (\hat{k})^{-1}I^*_t$$

Por só o setor 1 fabricar bens de equipamento, a matriz $\mathbf{N}$ vem dada por:

$$\mathbf{N} = \begin{bmatrix} 1,0 & 1,0 \\ 0,0 & 0,0 \end{bmatrix}$$

Por outro lado, a matriz $\left(\hat{\mathbf{k}}\right)^{-1}$ vem dada por

$$\left(\hat{\mathbf{k}}\right)^{-1} = \begin{bmatrix} 0,25 & 0,00 \\ 0,00 & 2,00 \end{bmatrix}$$

Donde, desenvolvida em notação não matricial, a relação vem

$$1,503\, c_{1t+1} + 0,722\, c_{2t+1} + 1,503\, (I^*_{1t+1} + I^*_{2t+1}) \leq 466$$

$$0,268\, c_{1t+1} + 1,448\, c_{2t+1} + 0,268\, (I^*_{1t+1} + I^*_{2t+1}) \leq 245,8$$

Estas desigualdades permitem delimitar as possibilidades de escolha entre investimento e consumo para o ano t+1, o que, como se disse, do ponto de vista da política de crescimento económico pode ter uma grande utilidade.

8.2 SECTORES MOTORES DO CRESCIMENTO

Um outro domínio onde o modelo IO fornece informação valiosa é o da dinâmica dos sectores produtivos em particular daqueles sectores que pelos seus efeitos gerais sobre a economia são, por assim dizer os motores da economia.

Uma forma de avaliar os sectores produtivos desde este ponto de vista é a de utilizarmos os *multiplicadores* que referimos no capítulo 2, ou seja, os elementos da inversa de Leontief $\mathbf{B} \equiv (\mathbf{I\text{-}A})^{-1}$.

Em economia aberta podemos considerar a matriz $\mathbf{B^D} \equiv (\mathbf{I\text{-}A^D})^{-1}$ relativa a coeficientes domésticos.

Cada elemento b^D_{ij} de $\mathbf{B^D}$ pode ser interpretado como o aumento da produção do setor i em resultado do aumento de uma unidade monetária da procura final doméstica (isto é, não importada) do sector j.

Assim o somatório em i, $u_j \equiv \sum_{i=1}^{n} b^D_{ij}$ dá-nos o total do aumento do valor da produção da economia em resultado do aumento de uma unidade monetária da procura final doméstica do setor j.

Os seja, os setores j com maiores coeficientes u serão verdadeiramente os sectores motores da economia, porque dada a maior interação que têm com os outros setores fazem repercutir em maior proporção o aumento da produção que têm de realizar para satisfazer uma unidade adicional de procura final.

Porém, um setor pode ter um elevado coeficiente u, mas se o seu fornecimento para procura final for muito pequeno, o seu dinamismo em última análise pouco influenciará a economia.

Por isso, um outro indicador que poderá completar o ano anterior será um coeficiente u_j corrigido pelo peso do fornecimento do setor j para procura final doméstica sobre o total da procura final doméstica. Ou seja um coeficiente u^*_j

$$u^*_j \equiv u_j \frac{y^D_j}{\sum^n_{i=1} y^D_i}$$

Os coeficientes u e u^* devem ser usados em conjunto, não em alternativa, pois medem o dinamismo dos setores de forma diferente, embora próxima, o que permite enriquecer a análise.

A determinação dos setores motores, para além de melhorar a compreensão da dinâmica de uma dada economia, fornece indicações que podem ser importantes para uma política de crescimento económico, nomeadamente na aposta política nos sectores com maior impacte na produção[19].

Mas esta aposta não deve ser levada demasiado longe. Embora o aumento da produção seja condição necessária de progresso económico, não é condição suficiente. O objetivo final de uma economia não é crescer por crescer: é crescer na medida em que isso seja necessário para possibilitar um maior nível de satisfação das necessidades humanas (aqui representadas pelo vetor **y** da procura final).

---

[19] Os trabalhos pioneiros neste tipo de análise foram Rasmussen (1957) e Hirschman (1958).

9.
Análise IO, energia e ambiente

9.1 INTRODUÇÃO

A análise input-output é particularmente indicada para tratar das ligações entre as dimensões económica, energética e ambiental. Ao centrar a atenção nas interdependências dos ramos de atividade que, enquanto produtores de bens e serviços para uso intermédio e final (outputs), precisam de bens e serviços intermédios (inputs) produzidos por si próprios e pelos outros, direta e indiretamente, constrói-se uma detalhada rede de transações económicas de base, que têm subjacentes os correspondente fluxos (e consumos) de energia, quer na produção, quer na distribuição, transporte e consumo dos bens e serviços. E a estes consumos de diferentes formas de energia, por exemplo, carvão, petróleo, gás natural, eletricidade, correspondem por sua vez emissões poluentes, de CO_2 e de outros gases com efeito de estufa, que podem ser mais ou menos graves para o ambiente, e mais ou menos onerosas, do ponto de vista económico (e fiscal), fechando-se assim o circuito económico-energético--ambiental (ou ecológico).

No contexto da análise IO, o interesse pelas questões da energia data dos finais da década de 1960, e incrementou-se muito na década de 1970, na sequência dos choques petrolíferos e da formação do cartel de países produtores de petróleo (OPEP), que levou a um brutal aumento do preço do petróleo e gerou tensões inflacionistas e aumento do desemprego (estagflação). Paralelamente, desenvolveram-se também abordagens para tratar das questões ambientais, um dos quais foi o pioneiro trabalho do próprio Leontief (1970), a que se seguiram muitos outros, suscitados inicialmente pelas preocupações com os limites do crescimento devido ao possível esgotamento de recursos (Relatório do Clube de Roma), e mais tarde pelo surgimento e consolidação de uma consciência ambiental e ecológica. Uma apresentação detalhada e exaustiva destas questões e da extensa literatura que as trata, é feita em Miller and Blair (2009), capítulos 9 e 10.

Neste capítulo, vamos apresentar de forma breve e sintética a maneira mais fácil e expedita de incorporar os consumos energéticos e as emissões de CO_2 na análise IO, o que é feito de modo semelhante ao que se fez para o emprego (e as qualificações do trabalho), ou seja, através da consideração de coeficientes de intensidade energética e de emissões. Para proceder desta forma, é necessário usar aquilo a que se chama na literatura relevante uma abordagem IO "híbrida", isto é, uma modelização em que se combinam variáveis em valor monetário (económicas), os outputs dos ramos de atividade, e variáveis em quantidades físicas (tecnológicas), isto é, os seus inputs energéticos e as suas emissões poluentes.

9.2 ECONOMIA: MODELO IO

O modelo IO, como já sabemos perfeitamente pela leitura dos capítulos anteriores deste manual, baseia-se na divisão da economia em ramos de atividade, em que cada um deles produz (ou pode produzir) produtos intermédios para si próprio e para os outros e produtos para utilização final. Nestes termos, todos os ramos estão ligados entre si, direta ou indiretamente, e a procura final está também dependente de todos os ramos. Isto é válido em termos económicos (cadeia de fluxos de valor), mas também em termos energéticos (cadeia de fluxos, e consumos, de energia) e ambientais (emissões poluentes associadas à produção e ao consumo final das famílias e das administrações públicas).

A virtualidade do modelo IO é captar de forma engenhosa e sintética todos estes efeitos diretos e indiretos numa matriz, a famosa matriz inversa de Leontief, que liga as solicitações de procura final aos requisitos produtivos que lhes são necessárias:

$$\mathbf{x} = (\mathbf{I} - \mathbf{A})^{-1}\,\mathbf{y}$$

Estes efeitos podem ser decompostos da seguinte forma (ver Apêndice Matemático):

$$x = y + Ay + A^2y + ... + A^n y + ...$$

Com esta expressão, resulta claro que, para se assegurar um determinado vetor de procura final, y, é preciso desde logo uma produção equivalente a esse vetor (efeitos diretos), o que exige uma produção equivalente aos inputs intermédios que a permitem, Ay (efeitos indiretos de primeira ordem), o que por sua vez vai exigir a produção de inputs intermédios necessários a assegurar estes efeitos indiretos, A^2y (efeitos indiretos de segunda ordem) e assim sucessivamente, até aos efeitos indiretos de ordem n, e mais além... Prova-se contudo que em condições normais estes efeitos são cada vez menores e no limite convergem para a matriz inversa de Leontief. Ora, ao longo desta cadeia de efeitos, económicos, verificam-se efeitos energéticos e ambientais, diretos, indiretos e totais, que podem ser captados com relativa facilidade no modelo IO, e que seriam virtualmente impossíveis de calcular com modelos económicos de outro tipo, macro (por insuficiência de dados) ou micro (por excesso e inconsistência de informação).

Vejamos então como fazê-lo, começando pela energia, e passando depois ao ambiente.

9.3 ENERGIA: MODELO IO E CONSUMOS ENERGÉTICOS

No caso das interações entre economia e energia, é conveniente ter em conta que há uma primeira "injeção" de energia na economia, a energia proveniente de fontes primárias (carvão, petróleo bruto, gás natural, energia eólica e solar), que depois é transformada em energia secundária (gasolina e gasóleo, eletricidade, gás engarrafado ou gás de cidade) e distribuída para utilização na produção dos ramos de atividade (por exemplo, para colocar em funcionamento as máquinas e os veículos de transporte de mercadorias) e para consumo final (por exemplo, para aquecer as habitações ou para os veículos automóveis das famílias).

A forma mais fácil de estender a Análise IO às questões da energia é considerar esta como um input primário, que se incorpora no modelo IO através dos coeficientes de intensidade energética, c_{kj}:

ANÁLISE INPUT-OUTPUT

$$c_{kj} = \frac{e_{kj}}{x_j}$$

Em que: e_{kj} é a quantidade física de energia de tipo k necessária à produção (output) do ramo de atividade j, x_j. Se existirem m formas de energia, carvão, petróleo, gás natural e eletricidade, k variará de 1 a m, com $m = 4$, neste caso. Os coeficientes de intensidade energética dos ramos, que podem considerar-se constantes (hipótese razoável, no curto prazo), podem compactar-se na matriz **C**, de dimensão m por n.

Para além destes coeficientes energéticos, associados à produção dos ramos de atividade, é necessário também considerar coeficientes energéticos associados à procura final, d_{kj}:

$$d_{kj} = \frac{ef_{kj}}{y_j}$$

Em que ef_{kj} é a quantidade física de energia de tipo k correspondente ao valor da procura fornecida pelo ramo j, y_j. Estes coeficientes podem compactar-se na matriz **D**, de dimensão m por n.

Utilizando as matrizes de coeficientes energéticos acima descritas e a solução matricial do modelo de Leontief, podem calcular-se os consumos de energia da seguinte forma:

$$\mathbf{f} = \mathbf{f}_{int} + \mathbf{f}_{fin} = [\mathbf{C}\,(\mathbf{I} - \mathbf{A})^{-1} + \mathbf{D}]\,\mathbf{y}$$

em que:

f: é o vetor (de dimensão m), dos consumos totais de energia dos diversos tipos na economia;

$\mathbf{f}_{int} = \mathbf{Cx} = \mathbf{C}(\mathbf{I} - \mathbf{A})^{-1}\mathbf{y}$: é o vetor de consumos energéticos associados às atividades de produção dos ramos necessárias (indiretamente) para assegurar a procura final, **y**;

$\mathbf{f}_{fin} = \mathbf{Dy}$: é o vetor de consumos energéticos associados (diretamente) às utilizações finais.

9.4 AMBIENTE: MODELO IO E EMISSÕES POLUENTES

Uma das vantagens do modelo IO é a facilidade com que, partindo de uma estrutura de base relativamente simples, se podem acoplar novos blocos (novas variáveis) para tratar de outros assuntos relevantes. Isto mesmo acabou de ser exemplificado com a componente energética, e vai agora ser feito com a componente ambiental, ou ecológica.

Para simplificar, consideraremos apenas o tratamento analítico das emissões de CO_2 associadas aos diferentes consumos energéticos anteriormente referidos, quer na produção dos diferentes ramos de atividade, quer na satisfação direta da procura final. Note-se, desde logo, que a quantidade destas emissões é diferente consoante o tipo de energia em causa. Por exemplo, de acordo com o Painel Intergovernamental para as Alterações Climáticas (IPCC, 2006), e no que diz respeito ao conteúdo em carbono dos diferentes tipos de combustíveis, estima-se que por cada tonelada equivalente de petróleo (tep) de carvão, petróleo e gás natural que é queimado são emitidas 3,88, 3,04 e 2,34 toneladas de CO_2, respetivamente.

Para calcular as emissões totais de CO_2 de uma dada economia, com base num modelo de tipo input-output aumentado dos consumos energéticos, o elemento central a considerar é o vetor $\mathbf{e}^T$, que é o vetor transposto do vetor $\mathbf{e}$, de dimensão m por 1, onde cada elemento representa as emissões de CO_2 por unidade de consumo energético k, com k a variar de 1 a m. Com base neste vetor, e nas deduções matriciais acima apresentadas, é possível calcular as emissões totais de CO_2 da economia, dadas pelo escalar c, da seguinte forma:

$$c = c_{int} + c_{fin} = \mathbf{e}^T\mathbf{C}\,(\mathbf{I} - \mathbf{A})^{-1}\mathbf{y} + \mathbf{e}^T\mathbf{D}\mathbf{y}$$

Em que, mais uma vez, estas emissões se podem dividir em 2 componentes:

$c_{int} = \mathbf{e}^T\mathbf{C}\,(\mathbf{I} - \mathbf{A})^{-1}\mathbf{y}$ corresponde às emissões de CO_2 com origem nas atividades produtivas dos ramos, que resultam dos consumos energéticos intermédios;

$c_{fin} = \mathbf{e}^T\mathbf{D}\mathbf{y}$ corresponde às emissões de CO_2 que resultam da satisfação da procura final de energia pelas famílias e as administrações públicas.

Um dos aspetos mais interessantes desta metodologia, de tipo input-output, é o facto de permitir novas extensões, de utilidade concreta para a definição de políticas públicas a nível nacional e internacional. Por exemplo, é fácil distinguir os consumos energéticos e as emissões que resultam das atividades (e responsabilidades) nacionais, ou domésticas (procura final interna, C + G + I), e os/as que devem ser atribuídas ao resto do mundo (procura externa, i.e., exportações). Esta decomposição pode ser feita da seguinte forma:

Quanto aos consumos energéticos:

$$\mathbf{f} = \mathbf{f}_{dom} + \mathbf{f}_{ext} = \left[C(I - A)^{-1}\, \mathbf{y}_{dom} + D\mathbf{y}_{dom} \right] + \left[C(I - A)^{-1}\, \mathbf{y}_{ext} \right]$$

Em que: y_{dom} é a procura final interna e y_{ext} é a procura final externa (exportações).

Quanto às emissões:

$$c = c_{dom} + c_{ext} = \left[e^T\, C(I - A)^{-1}\, y_{dom} + e^T\, Dy_{dom} \right] + \left[e^T\, C(I - A)^{-1}\, y_{ext} \right]$$

Podem ainda calcular-se os consumos energéticos e as emissões de CO_2 associados aos bens importados, desde que se disponha de uma matriz de coeficientes de importação, M^* e se considere a hipótese simplificadora de que os coeficientes técnicos, de intensidade energética e de emissões no resto do mundo são iguais aos da economia em causa, e em que y_{imp} é o vetor de bens e serviços importados:

$$f_{imp} = C(I - A)^{-1}\, M^*(I - A)^{-1}y_{dom} + C(I - A)^{-1}y_{imp}$$

$$c_{imp} = e^T\, C(I - A)^{-1}\, M^*(I - A)^{-1}y_{dom} + e^T\, C(I - A)^{-1}y_{imp}$$

Finalmente, recorrendo às deduções matriciais acima apresentadas, podem ainda calcular-se:

- as emissões de CO_2 que são da responsabilidade da economia, c_{resp}, isto é, as que podem ser associadas ao consumo final dessa economia, independentemente de os bens e serviços nela utilizados serem produzidos internamente ou importados:

$$c_{resp} = e^T\, C(I - A)^{-1}y_{dom} + e^T\, Dy_{dom} + e^T\, C(I - A)^{-1}\, M^*(I - A)^{-1}y_{dom} +$$
$$e^T\, C(I - A)^{-1}y_{imp}$$

- as emissões de CO_2 verificadas na economia, c_{emis}, isto é, as que podem ser associadas às atividades produtivas aí levadas a cabo, independentemente de se destinarem a satisfazer procura com origem interna ou externa:

$$c_{emis} = e^T\, C(I - A)^{-1}y_{dom} + e^T\, Dy_{dom} + e^T\, C(I - A)^{-1}y_{ext}$$

9.5 CONSIDERAÇÕES FINAIS: APLICAÇÕES EMPÍRICAS

Como se viu, do ponto de vista teórico e metodológico é relativamente simples estender a análise IO ao tratamento da vertente energética e ambiental. Contudo, nas aplicações empíricas concretas colocam-se algumas dificuldades e limitações que é necessário resolver. Por exemplo, na análise de impactos e na construção de cenários económicos, energéticos e ambientais, quando se utilizam coeficientes de intensidade energética em unidades mistas, físicas e monetárias (por exemplo, toneladas de petróleo equivalente, ou barris de petróleo, por euro), está a considerar-se implicitamente que os preços de cada tipo de energia considerada são iguais para todas as utilizações dessa energia, sejam elas os consumos intermédios dos diversos ramos de atividade ou os consumos energéticos finais (das famílias ou das administrações públicas). Esta é uma hipótese forte, que nem sempre se verifica, o que levanta problemas de consistência nos equilíbrios, ou balanços, energéticos, que exigem uma modelização mais sofisticada, designadamente a construção de uma matriz de fluxos inter-setoriais de energia, semelhante à matriz de fluxos de bens e serviços intermédios do modelo tradicional de Leontief (Miller and Blair, 2009). Em muitos casos, as informações necessárias para a construção desta matriz são incompletas, tendo que se fazer hipóteses adicionais.

Outra questão de natureza empírica a resolver, nas aplicações práticas dos modelos IO de energia e ambiente, tem a ver com a necessidade de desagregar alguns ramos de atividade que constam dos Quadros de Recursos e Utilizações e dos Quadros Simétricos IO produzidos pelos institutos de estatísticas oficiais (no caso português, o INE). Por exemplo, para tratar devidamente a diferença entre produção primária e produção secundária de energia, e as diferentes formas que essa produção pode assumir, é necessário desagregar o setor de Eletricidade, gás, vapor e água em: Produção de eletricidade com combustíveis fósseis; Produção de eletricidade a partir de fontes alternativas; Distribuição de eletricidade; Produção de gás; Transporte e Distribuição de gás. Ou para ter em conta a questão muito importante, em termos ambientais, dos diferentes conteúdos em carbono das utilizações dos diferentes meios de transporte, é necessário desagregar o ramo de Serviços de transporte terrestre e por condutas (pipelines) em: Caminhos de Ferro; Outros Transportes Terrestres; Transportes por Oleodutos e Gasodutos, sabendo-se que, como é evidente, o transporte ferroviário é muito mais "amigo do ambiente" do que o transporte rodoviário. Mais uma vez, nem sempre estão disponíveis, na Contabilidade Nacional, todas as informações necessárias a estas desagregações, o que obriga a considerarem-se hipóteses adicionais.

Outra questão muito importante na aplicação de modelos IO de interação economia/energia/ambiente reside na dificuldade de cálculo dos coeficientes de intensidade energética e de intensidade de emissões de CO_2 ou outros gases nocivos, porque nem sempre os dados energéticos de base, por exemplo, as estatísticas dos chamados Balanços Energéticos, são diretamente compatíveis com a desagregação da Matriz de Produção Nacional a preço de base, que serve de suporte aos modelos em causa, sendo também a este nível necessário considerar hipóteses adicionais. Para mais informações sobre estas e outras dificuldades práticas, e formas de as resolver, pode consultar-se Cruz e Barata (2007), uma interessante aplicação empírica ao caso português.

Em síntese, pode afirmar-se que, apesar das dificuldades e limitações dos modelos de tipo IO no tratamento das questões energéticas e ambientais, as crescentes preocupações com estas temáticas (alterações climáticas; aquecimento global; energias renováveis; aplicação do Acordo de Paris) fazem com que esta seja uma das áreas de investigação, teórica e empírica, mais relevantes no contexto da análise input-output.

10.
O modelo IO e a macroeconomia

A utilização do modelo IO é frequente nos estudos empíricos de macroeconomia e também no apoio à definição de políticas macroeconómicas. Pode também ser utilizado como auxiliar de interpretação conceitos macroeconómicos. Vamos ver neste capítulo alguns exemplos destes diferentes tipos de utilização. Começamos por um caso que se enquadra no último tipo referido, ou seja como auxiliar da compreensão de conceitos macroeconómicos.

10.1 PRIMEIRO EXEMPLO: DE NOVO O CONCEITO DE CAPACIDADE MÁXIMA DE PRODUÇÃO

Em estudos macroeconómicos, seja de curto prazo seja de médio ou longo prazo é frequente utilizar-se o conceito de capacidade máxima de produção de uma economia. Normalmente esse conceito é traduzido, em termos quantitativos como um valor máximo PIB* de PIB que pode ser produzido num determinado ano. Se estamos a tratar de questões de curto prazo, um valor efetivo do PIB realizado inferior a PIB* significa que se poderia ter produzido mais e portanto criado mais emprego. Pelo contrário um valor do PIB que tente ir além de PIB* trará consigo inflação. No médio e longo prazo o aumento sustentado do valor PIB* ao longo dos anos é o objetivo mais comum das políticas macroeconómicas. Já o vimos a propósito do crescimento económico.

Mas será que este conceito é satisfatório? Poderá ser, se considerarmos, como fizemos e como é comum em macroeconomia, todos os sectores agregados num só. Mas se consideramos, como é a realidade que a economia se baseia num número n bastante grande de sectores produtivos, será que o conceito de capacidade máxima de produção tal como foi descrito ainda faz sentido? Para o esclarecimento desta questão que a análise IO se reveste de utilidade.

Consideremos, como fizemos no capítulo uma economia com n sectores/ /produtos. Para simplificar, admitiremos uma economia fechada em relação ao exterior.

Temos, de acordo com o que estabelecemos no capítulo 2, a equação matricial:

$$\mathbf{x} = \mathbf{Ax} + \mathbf{y}$$

O vetor da procura final $\mathbf{y}$ tem no entanto algumas restrições à partida. Com efeito, em produções não suscetíveis de produzir existências de um ano para o ano posterior, ou seja, não suscetível de se acumular em stocks como por exemplo, os serviços. Assim, para cada sector i deste grupo de sectores terá de ser $y_i \geq 0$.

Mas também no que respeita aos sectores que podem acumular stocks existe uma restrição. É que a procura final de cada um destes sectores i no ano t terá de respeitar a relação $y_{it} \geq s_{it+1} - s_{it}$ onde s_{it} é o stock do produto existente no início do ano t.

Com efeito, como vimos no capítulo 2, para cada sector i

$$y_i = c_i + fbcf_i + \Delta s_i \text{ onde}$$

$\Delta s_i \equiv s_{it+1} - s_{it}$ é a variação de existências do produto i. Como necessariamente $c_i + fbcf_i \geq 0$ (não pode haver consumo nem formação bruta de capital fixo negativos), então $y_i - \Delta s_i \geq 0$, portanto $y_i \geq \Delta s_i$.

O mesmo é dizer que para cada ano se tem $\mathbf{y} \geq \mathbf{y}^*$ em que $\mathbf{y}^*$ é um vetor de que algumas das suas componentes são nulas (correspondentes aos produtos não stockáveis).

Então usando a equação matricial anterior podemos escrever

$$\mathbf{x} - \mathbf{Ax} = \mathbf{y} \geq \mathbf{y}^*$$

E portanto os vetores $\mathbf{x}$ que é possível produzir, além de terem de ser não negativos, ou seja $\mathbf{x} \geq 0$, têm de obedecer à relação:

$$\mathbf{x} - \mathbf{Ax} \geq \mathbf{y}^*$$

É fácil de ver (Amaral 1991) que desde que a matriz **A** seja não diagonal (ou seja, desde que haja relações diretas entre setores, o que obviamente tem de ser o caso numa economia multi-sectorial) nem todos os vetores **x** não negativos são suscetíveis de ser produzidos. E quanto mais fortes forem as relações entre sectores, ou seja para uma matriz **A*** ≥ **A** haverá vetores da produção suscetíveis de ser produzidos com a tecnologia **A** que deixam de o poder ser com a matriz **A***.

Este duplo resultado teórico é muito importante.

Em primeiro lugar, porque significa que temos de encarar com algumas reservas a existência de um vetor de utilização máxima da capacidade produtiva. Esse vetor (designemo-lo por **x***) é o vetor de todas as componentes x^*_i em que x^*_i é o valor máximo que o sector i pode produzir no ano em causa. Mas pode muito bem suceder que o vetor **x*** não seja suscetível de ser produzido por não verificar a condição:

x - **Ax** ≥ **y***.

Então, **x*** não é verdadeiramente *o* vetor da capacidade máxima de produção. Temos por isso de ter o maior cuidado quando em macroeconomia mencionamos uma capacidade máxima de produção. Se exigirmos, como é lógico, que o vetor **x*** verifique a condição anterior, poderemos não ter afinal *um vetor* de capacidade máxima, mas antes um *conjunto de vetores* que se aproximam deste conceito. Vamos ver como.

Seja **x*** um vetor suscetível de ser produzido e tal que não exista nenhum outro vetor **x****, também suscetível de ser produzido, tal que **x**** ≥ **x***. Então **x*** é um vetor que se aproxima do conceito de capacidade máxima de produção. O conjunto de todos os vetores **x*** nestas condições será então o conjunto de vetores que se aproximam desse conceito.

Em segundo lugar, o resultado é também importante porque permite evitar erros de política económica. Pode, com efeito, ser um erro incentivar todos os sectores a atingirem a respetiva capacidade máxima de produção se o correspondente vetor **x*** não for suscetível de ser produzido. A suceder esse incentivo, gerar-se-ão certamente desequilíbrios no sistema que produzirão provavelmente inflação, quando a procura de alguns sectores forçará a utilização da capacidade.

E se considerássemos uma economia aberta ao exterior?

As principais conclusões seriam as mesmas. Mesmo sendo possível importar produtos que, em alguns sectores, permitissem satisfazer parte da procura sem recorrer à produção interna, a verdade é que existem, como vimos, sectores produtores de bens não-transacionáveis que não são suscetíveis de importação (ou só o são numa pequena parte) e, portanto, o problema continua a existir, uma vez que para esses sectores não-transacionáveis não é possível utilizar a importação para complementar a produção interna. Acresce que mesmo no que respeita aos sectores transacionáveis, em geral a capacidade de importações não é ilimitada, pois existem sempre restrições, mais ou menos apertadas, ao financiamento de défices da balança corrente com o exterior.

Mas deixemos este exemplo da utilização da Análise IO como auxiliar da compreensão de conceitos macroeconómicos e olhemos agora um exemplo da utilização desta análise em estudos empíricos de macroeconomia.

10.2 SEGUNDO EXEMPLO: O DESPERDÍCIO PRÓPRIO DAS ECONOMIAS DE SERVIÇOS

As economias mais maduras são geralmente apelidadas de economias de serviços devido ao facto de 2/3, 3/4 ou até mais da sua produção se originar no sector dos serviços.

O mesmo é dizer que as economias atuais sofrem de um maior desperdício inevitável, associado ao facto de a grande maioria da produção se realizar em sectores que produzem produtos não stockáveis, como são os serviços (Amaral, 2014).

Por exemplo, um autocarro de passageiros que faz o seu trajeto está a realizar uma produção de um serviço de transporte. Mas a não ser que a sua lotação vá sempre totalmente completa, parte dessa produção não é utilizada por ninguém, nem pode ser armazenada para utilização futura. Outro exemplo: um estabelecimento comercial de portas abertas realiza uma produção que resulta do trabalho humano disponível para o atendimento e dos inputs (eletricidade, por exemplo) que o estabelecimento necessita para atender os clientes. A não ser que os clientes estejam permanentemente a lotar o estabelecimento, haverá um significativo desperdício da produção realizada.

A análise IO fornece uma metodologia que nos permite determinar de forma aproximada este desperdício (para facilitar, consideraremos uma economia fechada).

Seja $\mathbf{x}^*$ o vetor tal que, para cada i, x^*_i é a produção efetivamente realizada no sector i.

Seja **y** o vetor da procura e **x** = **B***y** o vetor da produção que seria estritamente necessária à satisfação dessa procura.

A matriz **B*** será a matriz de Leontief correspondente a uma matriz **A*** de coeficientes técnicos ajustados para valores que seriam os existentes numa situação sem desperdício.

Então, o vetor **x***- **x** é o vetor dos desperdícios sectoriais e o montante $u^T(x^*-x)$ é o valor do desperdício para a economia como um todo.

Finalmente, um terceiro exemplo, relativo à avaliação de políticas macroeconómicas.

10.3 TERCEIRO EXEMPLO: AVALIAÇÃO DE POLÍTICAS MACROECONÓMICAS

Em Amaral and Lopes (2017) utilizámos a análise IO para efetuarmos uma avaliação ex-ante da política económica em Portugal definida para 2013 no âmbito do Programa de Ajustamento Económico e Financeiro, o vulgarmente chamado Programa da Troika.

A ideia foi a de avaliar se os valores previstos para 2013 no Orçamento de Estado para esse ano, para o défice da balança corrente com o exterior e para o desemprego, eram compatíveis com as previsões para 2013 de outras variáveis macroeconómicas tal como constavam no mesmo orçamento.

Ou seja, não se pretendeu avaliar a qualidade das previsões dessas outras variáveis, mas apenas avaliar se, *dadas essas previsões,* era razoável prever um valor do défice da balança corrente e um valor do desemprego próximos dos que foram previstos no Orçamento de Estado para 2013.

Com base em parâmetros obtidos com a análise IO (em particular os conteúdos importados da procura final, ver capítulo 4) e utilizando os valores das outras variáveis macroeconómicas previstos no orçamento para 2013, deduzimos a relação entre o défice da balança corrente e o emprego que se deveria verificar em 2013 (se as previsões das outras variáveis estivessem corretas):

No Orçamento de Estado para 2013 o saldo previsto para a balança corrente com o exterior correspondia a uma situação de equilíbrio das contas externas. O que significa que, com a relação anterior o valor previsto para o desemprego deveria ter sido de 16,4%. Mas na realidade não foi. O valor previsto no orçamento foi de 13,4% o que demonstra que houve uma grande subavaliação do impacto da política seguida sobre o desemprego.

ANÁLISE INPUT-OUTPUT

Verificou-se também *a posteriori* que o valor que efetivamente o desemprego atingiu em 2013 foi 15,8%, muito superior ao previsto no orçamento, o que confirma a sua subavaliação quando se definiu a política, tanto mais que os valores efetivamente verificados em 2013 das outras variáveis macroeconómicas não foram muito diferentes do que tinham sido previstos no orçamento.

11.
Análise IO, Comércio Internacional
e Cadeias Globais de Valor

11.1 INTRODUÇÃO

O modelo IO pode ser útil à análise do comércio internacional, e desde há muito tempo tem sido aplicado nesta área da economia, sobretudo no contexto do chamado *paradoxo de Leontief*. Este paradoxo refere-se a um interessante e inesperado resultado a que o próprio Leontief (1953) chegou, segundo o qual sendo os EUA, em 1947, um país com abundantes recursos em capital, tendeu a especializar-se, e a exportar, bens com um elevado conteúdo em trabalho, contrariamente ao que seria de esperar, de acordo com a teoria das vantagens comparativas de David Ricardo, e da sua posterior formalização por Hecksher e Ohlin. Este resultado deu origem a uma extensa investigação e controvérsia, não totalmente resolvida até aos nossos dias. Possíveis respostas e soluções para o paradoxo, passaram por considerar a existência de outros fatores produtivos (por exemplo, a terra e outros recursos naturais), as diferenças na produtividade do fator trabalho (muito maior nos EUA), os diferentes níveis de qualificação do trabalho, ou do que hoje se chama o capital humano, etc., mas não vamos aqui aprofundar este assunto (para uma análise detalhada do mesmo ver He and Polenske, 2001).

O que aqui mais nos interessa é que, mais recentemente, com a liberalização crescente dos fluxos comerciais (primeiro com Acordo Geral de

Tarifas e Comércio, *GATT*, e depois com a Organização Mundial do Comércio, *WTO*), com o aumento dos fluxos de investimento direto estrangeiro e do papel das empresas transnacionais, com a emergência de economias em desenvolvimento, particularmente a China, e a integração dos países do Leste na União Europeia, o modelo IO ganhou uma enorme relevância na análise das chamadas Cadeias Globais de Valor (CGV). As CGV têm a ver com a integração vertical da produção, ou seja, com o facto de os produtos intermédios produzidos num país serem cada vez mais exportados para outros países, que lhes acrescentam valor, e por sua vez os exportam de novo, para montagem noutros países, ou para consumo final.

Tecnicamente, há especialização vertical da produção se um produto atravessar 2 fronteiras ao longo do seu circuito produtivo, desde a extração da matéria-prima até à utilização final, mas com a fragmentação das cadeias produtivas da economia atual, e com o comércio intra-firma das grandes empresas transnacionais, estas travessias podem verificar-se em mais que duas fronteiras. O caso mais comum é o de que as tarefas mais sofisticadas (conceção, design, tecnologia) sejam efetuadas nos países mais desenvolvidos (muitas vezes envolvendo serviços altamente qualificados) e as tarefas menos exigentes de produção ou de montagem, sejam feitas nos países menos desenvolvidos, sendo que depois uma grande parte dos bens (finais) regressam aos países mais desenvolvidos para aí serem finalmente consumidos, ao que está associado um complexo conjunto de serviços, de distribuição, publicidade, assistência técnica, etc., que muito contribui para a chamada *terciarização* das economias. Esta terciarização não decorre só da utilização final dos produtos, estando também interligada com a manufatura dos mesmos, designadamente no caso dos bens mais intensivos em tecnologia.

Com a especialização vertical da produção e a integração das cadeias de valor assistiu-se a um grande aumento do comércio internacional de produtos intermédios, o que fez por sua vez aumentar, para cada país, a diferença entre o montante global das suas exportações (e importações), em valor absoluto e o montante global das suas exportações (e importações) em valor acrescentado. O caso mais paradigmático, e mais referido na literatura sobre este assunto, é o do i-Phone, em que a um valor enorme de exportações da China (sobretudo para o Ocidente e para o Japão), em valor absoluto, correspondem menos de 10% de valor acrescentado chinês, sendo os restantes 90% apropriados por outros países, sobretudo os EUA (e mais concretamente a Apple). Este é evidentemente um caso extremo, estimando-se que em média cerca de 20 a 30% do valor acrescentado das exportações dos países correspondam a valor acrescentado "estrangeiro", o que não deixa de ser muito relevante para a análise dos fluxos de comércio, sendo que de há uns anos para cá a OCDE calcula uma medida apropriada para lidar com este assunto, o chamado *Comércio Internacional em Valor Acrescentado*, ou em inglês, *TiVA – Trade in Value Added*.

Como facilmente se compreenderá, a Análise IO é particularmente indicada para o estudo deste tipo de fenómenos, em que para além da interdependência entre os ramos de atividade de um país, interessa também mapear e quantificar as interdependências entre países, no que se convencionou chamar um modelo IO internacional ou mundial. E de facto, foram nos últimos anos construídas, e estão hoje em dia disponíveis, várias bases de dados com quadros IO deste tipo, designadamente: *WIOD, OECD-WTO, Eora-MRIO, GTAP*. Estes quadros serão mais à frente apresentados de forma sintética (na secção 11.3), depois da descrição da metodologia usada para construir diversas medidas de comércio em valor acrescentado e de especialização vertical dos países e setores (na secção 11.2). Este capítulo incluirá ainda alguns exemplos de aplicações empíricas destas medidas, no contexto da análise das cadeias globais de valor (secção 11.4).

11.2 METODOLOGIA

As medidas de especialização vertical, de fragmentação das cadeias produtivas e do comércio em valor acrescentado baseiam-se num quadro input-output internacional ou mundial. Este quadro é em tudo similar a um quadro input-output inter-regional, com a única diferença de que o que se representa e mede são os fluxos intersectoriais entre países, e não entre regiões de um mesmo país. Para construir um quadro deste tipo, e para além da disponibilidade de quadros IO (ou de quadros de recursos e utilizações) nacionais, utiliza-se toda a informação disponível sobre o comércio internacional de produtos, quer de mercadorias (muito completa e detalhada, como se pode ver pela base de dados COMTRADE), quer de serviços (menos fidedigna). Esta informação estatística (exportações e importações em valores brutos) tem que ser trabalhada, no sentido de se poder discriminar para cada produto (bem ou serviço) exportado por um dado país, qual o ramo de atividade de origem e qual a sua utilização ou destino, se para consumo intermédio de um determinado ramo de atividade, se para utilização final (consumo privado, consumo público ou investimento) no país importador. Nos casos em que esta informação não está disponível, é necessário colocar hipóteses, semelhantes às que se colocam quando se constrói um quadro IO inter-regional. Felizmente, o grau e fiabilidade de dados disponíveis sobre o comércio entre países são muito maiores do que sobre o comércio entre regiões de um país, e por isso é mais fácil contruir este tipo de quadros, e eles têm sido muito mais utilizados, na prática. Na construção destes quadros, os países para os quais não se dispõe de quadros IO nacionais são agrupados num "país"/região, o Resto do Mundo, cujos fluxos intersectoriais são ventilados usando hipóteses simplificadoras deduzidas das informações dos quadros IO dos restantes países.

Considerando a hipótese (muito) simplificadora de que só existem dois países no mundo (R e S), um quadro IO internacional, ou mundial, teria a seguinte estrutura:

Quadro 11.1 – Estrutura do Quadro IO internacional com 2 países

	UTILIZAÇÕES					
		Consumo Intermédio		Procura Final (C+G+I)		UTILIZA. TOTAIS
		País R	País S	País R	País S	Mundo
	País R	x_{ij}^{RR}	x_{ij}^{RS}	y_i^{RR}	y_i^{RS}	x_i^R
	País S	x_{ij}^{SR}	x_{ij}^{SS}	y_i^{SR}	y_i^{SS}	x_i^S
	VAB	v_j^R	v_j^S	0	0	v^{Mundo}
RECURSOS	RECURSOS TOTAIS	x_j^R	x_j^S	y^R	y^S	

Cada elemento deste quadro, correspondente aos fluxos intersectoriais entre países (quatro blocos, neste caso), é identificado com 4 índices, ou seja, x_{ij}^{RS} corresponde ao consumo intermédio do produto i produzido no

11 · ANÁLISE IO, COMÉRCIO INTERNACIONAL E CADEIAS GLOBAIS DE VALOR

país R pelo ramo j do país S. No caso dos quatro blocos correspondentes à procura final, só são necessários 3 índices, por exemplo, o elemento y_i^{RS} corresponde à utilização final no país S do produto i fornecido pelo país R (este elemento pode por sua vez ser desagregado em c_i^{RS}, g_i^{RS} e inv_i^{RS}). Quanto aos elementos dos dois blocos correspondentes ao valor acrescentado bruto, só são necessários 2 índices, o do ramo de atividade e o do país a que o ramo pertence, o mesmo acontecendo para os valores da produção total. É de notar que neste tipo de quadros não aparecem os índices relativos a exportações e importações. Estes fluxos, de comércio internacional, estão contabilizados nos blocos com os índices RS e SR (quando R é diferente de S – fornecimentos de um país aos outros).

Para tudo o resto é válido o que se disse a propósito do modelo de Leontief entre regiões, por exemplo, na primeira linha deste quadro estão registadas todas as utilizações (intermédias e finais) do produto 1 do país R, que somadas nos dão o valor da produção do produto (ou do ramo de atividade) em causa. Na primeira linha do quadro está representada a tecnologia de produção do ramo 1 do país R, ou seja, todos os seus inputs, quer intermédios (fornecidos pelos ramos do próprio país e pelos ramos do país S), quer primários. A soma de todos estes inputs dá-nos o valor da produção do ramo, que como é óbvio tem que ser igual ao valor das utilizações do produto em causa, sendo isto válido para todos os ramos/produtos de todos os países (neste caso só dois).

Generalizando para o caso de G países e N ramos de atividade, e considerando as hipóteses do modelo de Leontief, já nossas conhecidas, o modelo IO mundial pode ser matricialmente representado da seguinte forma:

$$\mathbf{x} = \mathbf{Ax} + \mathbf{y},$$

Em que:

$\mathbf{x}$ é o vetor de dimensão GN×1 que nos dá as produções dos ramos de atividade de todos os países do mundo, sendo composto por G vetores coluna de dimensão N:

$$\mathbf{x} = \begin{bmatrix} \mathbf{x^1} \\ \dots \\ \mathbf{x^G} \end{bmatrix}$$

$\mathbf{A}$ é uma matriz de coeficientes técnicos global, de dimensão GN×GN, composta por G×G matrizes de dimensão N×N, cada uma das quais dando os coeficientes de fornecimentos intermédios entre os ramos dos diversos países (incluindo entre os ramos do mesmo país):

$$\mathbf{A} = \begin{bmatrix} \mathbf{A}^{11} & ... & \mathbf{A}^{1G} \\ ... & ... & ... \\ \mathbf{A}^{G1} & ... & \mathbf{A}^{GG} \end{bmatrix}$$

$\mathbf{y}$ é o vetor de dimensão GN×1 que nos dá as utilizações finais dos ramos de atividade de todos os países do mundo, sendo composto por G vetores coluna de dimensão N:

$$\mathbf{y} = \begin{bmatrix} \mathbf{y}^1 \\ ... \\ \mathbf{y}^G \end{bmatrix}$$

A solução deste modelo, como sabemos, é dada por:

$$\mathbf{x} = (\mathbf{I} - \mathbf{A})^{-1}\mathbf{y},$$

Em que, neste caso, a matriz $(\mathbf{I} - \mathbf{A})^{-1} = \mathbf{B}$, de dimensão GN×GN, é a chamada matriz inversa de Leontief global, composta por G×G matrizes, sendo que cada uma delas nos dá os multiplicadores de produção intersectoriais e entre países. Por exemplo, o elemento genérico b_{ij}^{RS} significa o aumento da produção do ramo i no país R necessário (direta e indiretamente) para assegurar um aumento unitário da procura final dirigida ao ramo j do país S.

Para quantificar os fluxos de valor acrescentado implícitos na produção e no comércio de produtos, entre ramos de atividade e entre países, é necessário ter em conta os coeficientes de valor acrescentado, correspondentes aos valores do 3º quadrante do modelo IO mundial.

Seja $\mathbf{v}^*$ o vetor (linha) de coeficientes de valor acrescentado de todos os ramos de atividade de todos os países do mundo, de dimensão (1×GN), composto por G vetores linha de dimensão N, um para cada país:

$$\mathbf{v}^* = [\mathbf{v}^{*1} \quad ... \quad \mathbf{v}^{*G}]$$

Se pré-multiplicarmos este vetor por $\mathbf{By}$ temos o valor acrescentado (ou o PIB) mundial:

$$v^{Mundo} = PIB^{Mundo} = \mathbf{v}^*(\mathbf{I} - \mathbf{A})^{-1}\mathbf{y},$$

O poder analítico e empírico deste modelo é enorme. Se usarmos criteriosamente uma expressão deste tipo, por exemplo, pré-multiplicando um vetor de coeficientes de valor acrescentado escolhido, por exemplo para a China (com zeros em todas as outras componentes), pela matriz **B** (inversa de Leontief global) e por um vetor **y** apropriado, por exemplo, só as utilizações finais de produtos chineses nos EUA (e zeros em todas as outras componentes), temos um escalar que nos dá o contudo em valor acrescentado das exportações chinesas para os EUA (TiVA, Trade in Value Added). Como é óbvio, este valor é muito menor que o das exportações chinesas para os EUA em valor absoluto. Isto pode fazer-se para qualquer binómio de países, e só por aqui se pode ver o enorme potencial deste tipo de modelos, e porque estão nesta altura a ser tão utilizados para estudar o comércio internacional e a globalização económica.

Antes de apresentarmos algumas medidas empíricas para o caso português, no contexto das cadeias globais de valor, vamos fazer em seguida uma breve exposição dos principais quadros input-output internacionais atualmente disponíveis.

11.3 QUADROS IO INTERNACIONAIS

Existem diferentes bases de dados a partir das quais foi possível construir quadros IO internacionais ou mundiais. Estas bases de dados são diferentes, nas fontes estatísticas, nos métodos de cálculo e hipóteses colocadas, na cobertura de anos e de países e no nível de desagregação setorial. As mais conhecidas e mais utilizadas atualmente são as que se sintetizam no quadro 11.2, e que serão depois brevemente descritas.

ANÁLISE INPUT-OUTPUT

Quadro 11.2 – Bases de dados e quadros IO internacionais

Base de dados	Fontes estatísticas	Países/regiões	Setores	Anos
World Input-Output Database – WIOD (I)	Quadros de Recursos e Utilizações Nacionais	40	35	1995-2009
World Input-Output Database – WIOD (II)		43	56	2000-2014
OECD-WTO TiVA	Quadros Input-Output Nacionais	63	34	1995-2011
UNCTAD-Eora	Quadros de Recursos e Utilizações e Quadros IO Nacionais e estimativas da ONU	187	26	1990-2012

World Input-Output Database – WIOD (I)

A base de dados WIOD resulta de um projeto financiado pela Comissão Europeia para o período 2009-2012, mas que teve depois continuidade e continua ativo. O objetivo inicial era a análise da interdependência dinâmica entre os ramos de atividade e os países da União Europeia e de alguns outros grandes países. Na primeira versão, disponibilizada em 2013, a WIOD incluía 27 membros da UE e 13 outros países industrializados, cobrindo todos os anos de 1995 a 2009, a um nível de desagregação de 35 sectores. Numa segunda versão, disponibilizada em finais de 2016, foram acrescentados mais 3 países, e aumentado o grau de desagregação para 56 sectores. Os anos cobertos correspondem ao período de 2000 a 2014, e os dados baseiam-se no SEC2008. Esta foi a primeira base de dados inteiramente livre, e pode ser descarregada em: www.wiod.org.

OECD-WTO TiVA database

A base de dados da Organização para a Cooperação Económica e o Desenvolvimento e da Organização Mundial do Comércio resulta de uma iniciativa conjunta destas duas instituições internacionais para o estudo das Cadeias Globais de Valor e o Comércio Internacional em valor acrescentado, por forma a identificar melhor e quantificar as fontes da competitividade dos seus países membros. A última versão, disponibilizada em 2016, inclui 63 economias cobrindo a OCDE, a EU28 e o G20, bem como a maior parte dos países asiáticos e alguns da América do Sul, a um nível de desagregação de 34 ramos de atividade (16 industriais e 14 dos serviços) e para todos os anos entre 1995 e 2011. Os indicadores construídos a partir desta base de dados são, entre outros, os conteúdos em valor acrescentado nacionais e estrangeiros das exportações por ramo exportador; o conteúdo em serviços das exportações por ramo exportador, por tipo de serviço e por origem do valor acrescentado; as relações de comércio bilateral baseadas em fluxos de valor acrescentado; o conteúdo em valor acrescentado nacional das importações dos países. Para mais informações sobre esta base de dados, e para acesso aos seus quadros e indicadores, deve consultar-se: http://www.oecd.org/sti/ind/measuringtradeinvalue-addedanoecd-wtojointinitiative.htm.

UNCTAD-Eora GVC database

A base de dados **UNCTAD-Eora GVC** fornece uma série temporal de quadros IO internacionais para uma larga quantidade de países, sendo de longe a que tem a maior cobertura geográfica, 187 países, cobrindo, na sua versão mais recente, todos os anos do período 1990-2012. Estes quadros são complementados com uma rica e diversificada série de contas satélite ambientais e sociais. Como seria de esperar, dada a sua extensão a um vasto conjunto de países menos desenvolvidos, em que existem sérias lacunas de informação estatística, é a base de dados com menor desagregação sectorial (apenas 26 ramos de atividade harmonizados) e a que maior número de hipóteses coloca na construção de muitos blocos dos seus quadros. Embora não seja livremente disponível ao público, esta basse de dados pode ser usada para fins de investigação académica, através do site: http://www.worldmrio.com/

11.4 EXEMPLOS DE APLICAÇÕES EMPÍRICAS

11.4.1 ESPECIALIZAÇÃO VERTICAL

A primeira medida usada no contexto da análise das cadeias globais de valor e da fragmentação internacional da produção, foi a de *especialização vertical* proposta no trabalho pioneiro de Hummels et al (2001). Trata-se de uma medida relativamente simples de calcular, porque não exige o cálculo da matriz inversa de Leontief global, que no caso das bases de dados que apresentámos na sub-secção anterior é sempre uma matriz (quadrada) de grandes dimensões, com milhares de linhas e colunas (número de países × número de sectores; por exemplo, no caso da base WIOD (II), 43×56 = 2408).

De acordo com Hummels et al (2001), a especialização vertical envolve a utilização de inputs importados na produção de bens que são subsequentemente exportados. Logo, isto implica que a produção é feita pelo menos em dois países, e que os bens passem pelo menos por duas fronteiras. A especialização vertical existiu desde sempre no comércio internacional, mas nas últimas décadas tem crescido muito, e representa hoje em dia cerca de 30% das trocas comerciais. A forma mais simples de medir a especialização vertical do produto i no país k, é a seguinte:

$$VS_{ki} = \left(\frac{inputs\ importados}{produção}\right).exportações$$

O primeiro termo desta educação é o peso dos inputs intermédios importados por unidade produzida no setor i, que por sua vez é multiplicado pelo valor das exportações do produto i. Assim sendo, pode calcular-se a especialização vertical do país k, VS_k, agregando a especialização vertical de todos os produtos: $VS_k = \sum_i VS_{ki}$.

Para facilitar a análise, é conveniente expressar a especialização vertical em termos do seu peso nas exportações de um país, Ex:

$$\frac{VS_k}{Ex_k} = \frac{\sum_i VS_{ki}}{\sum_i Ex_{ki}}$$

Os quadros IO nacionais são uma componente chave para o cálculo desta medida, porque fornecem para cada produto o valor dos inputs intermédios importados necessários à sua produção. Matricialmente, esta medida é dada por:

$$VS_k/Ex_k = \mathbf{u}\mathbf{A}^{\mathbf{M}}\mathbf{ex}/Ex_k$$

Em que: $\mathbf{u}$ é um vetor (linha) unitário, $\mathbf{A}^{\mathbf{M}}$ é uma matriz n × n de coeficientes de inputs intermédios importados, $\mathbf{ex}$ é o vetor (coluna) das exportações setoriais e Ex_k é o valor total das exportações do país k.

A esta medida pode chamar-se a *Especialização Vertical Direta (EVD)* do país k, porque só se consideram no seu cálculo os inputs intermédios diretamente usados na produção dos produtos exportados. No entanto, o modelo IO permite calcular a *Especialização Vertical Total (EVT)* do país k, considerando os inputs intermédios importados diretos e indiretos suscitados pelas exportações do país em causa, da seguinte forma:

$$\frac{VS_k}{Ex_k} = \frac{uA^M[I-A]^{-1}ex}{Ex_k}$$

Em que $[I - A]^{-1}$ é a matriz inversa de Leontief, correspondente à matriz de coeficientes técnicos nacionais (ou domésticos). Trata-se da medida de especialização vertical mais útil para a análise da inserção de um país nas cadeias globais de valor, podendo igualmente aplicar-se a cada um dos seus ramos de atividade.

Em Lopes and Santos (2016) faz-se uma aplicação destas medidas para o caso de alguns países do sul (Portugal, Espanha, Grécia e Itália) e do norte da União Europeia (Irlanda, Alemanha, Holanda e Finlândia), para o conjunto da economia e para o caso particular do sector dos produtos de borracha e de plásticos, entre 1995 e 2011, usando para o efeito a base de dados WIOD. Os resultados principais são a seguir apresentados.

Especialização Vertical Direta (VSD) da economia (%)

Ano/País	PRT	ESP	GRC	ITA	IRL	DEU	NLD	FIN
1995	19,18	13,26	12,99	11	30,78	12,56	24,58	15,17
2011	18,93	20,56	20,46	16,89	34,23	20,8	32,33	23,14

Fonte: Lopes and Santos (2016)

Especialização Vertical Total (VST) da economia (%)

	PRT	ESP	GRC	ITA	IRL	DEU	NLD	FIN
1995	28,96	21,65	19,87	19,69	40,84	18,82	33,03	24,71
2011	29,12	31,04	24,86	28,26	45,37	29,88	41,2	35,96

Fonte: Lopes and Santos (2016)

No caso da especialização vertical direta destas economias, ela cresce de forma acentuada em todas elas com a exceção do caso português, em que se mantém em torno dos 19%. Em 2011, este indicador só é mais baixo em Itália (cerca de 17%). Quanto à especialização vertical total (direta e indireta), os valores são sensivelmente mais elevados, como é óbvio, e a evolução entre 1995 e 2011 foi semelhante. São de destacar os valores particularmente elevados da Irlanda e da Holanda, acima dos 40%, e neste caso o valor mais baixo é

ANÁLISE INPUT-OUTPUT

o da Grécia (cerca de 25%), o que significa que neste país os efeitos indiretos são relativamente pequenos.

Especialização Vertical Total (VST) do sector Borracha e Plásticos (%)

Ano/País	PRT	ESP	GRC	ITA	IRL	DEU	NLD	FIN
1995	31,46	24,35	29,68	24,31	48,51	19,74	38,98	24,87
2011	36,88	29,92	26,66	31,29	48,85	31,37	43,48	32,53

Fonte: Lopes and Santos (2017)

No que diz respeito à especialização vertical total (VST) do setor da Borracha e Plásticos, o valor deste indicador é bastante mais elevado em Portugal, e cresce de forma significativa entre 1995 e 2011, de 31 para quase 37%, o que significa que se trata de uma atividade produtiva com forte inserção nas cadeias de valor internacionais, quer direta, quer indiretamente. Neste caso, o valor do indicador em Portugal só é ultrapassado pelo da Irlanda (49%) e pelo da Holanda (43,5%). Mais uma vez, a Grécia ocupa a este nível o último lugar, e com tendência decrescente entre 1995 e 2011, de 30% para 26,7%.

11.4.2 COMÉRCIO INTERNACIONAL EM VALOR ACRESCENTADO (TIVA)

A medição do comércio internacional em valor acrescentado pode fazer-se de acordo com a metodologia exposta na secção 11.2, e exige a inversão da matriz de Leontief global, que como se disse é uma matriz com milhares de linhas e colunas. Esta tarefa seria impossível nos tempos iniciais da análise input-output, em que a inversão de uma matriz com algumas dezenas de linhas e colunas já era por si só uma tarefa hercúlea. Mas hoje em dia, com os poderosos métodos de cálculo computacional disponíveis, é perfeitamente viável inverter estas matrizes "gigantes". Assim sendo, e como já se disse, quer a OCDE/OMC, quer os investigadores que desenvolveram a WIOD, quer ainda os investigadores ligados à base de dados UNCTAD/EORA, calculam rotineiramente este tipo de medidas, quer para os países representados nas bases de dados, quer para regiões geográficas (*factory Europe; factory North America; factory Asia*), quer ainda para ramos de atividade particulares.

Estas medidas são tornadas públicas por estas instituições/grupos de investigadores, e da sua análise podem retirar-se conclusões muito interes-

11 · ANÁLISE IO, COMÉRCIO INTERNACIONAL E CADEIAS GLOBAIS DE VALOR

santes e úteis para a compreensão das cadeias de valor internacionais e regionais, para a fragmentação da produção a nível mundial e para o processo de globalização em curso.

Como exemplo, apresenta-se em seguida uma das mais importantes dessas medidas, a percentagem de valor acrescentado nacional (ou doméstico) nas exportações brutas de uma série de países, retirada dos indicadores da base de dados da OCDE/OMC (ver Quadro 11.3).

Quadro 11.3 – Valor acrescentado nacional nas exportações brutas (%)

	1995	2000	2005	2008	2009	2010	2011
Alemanha	85,14	79,78	78,66	75,23	78,13	76,66	74,46
Espanha	80,84	74,17	73,72	72,42	77,76	75,16	73,12
Itália	82,77	80,04	77,96	74,21	78,8	75,05	73,51
Grécia	83,75	76,06	78,74	74,69	79,29	78,25	75,05
Portugal	*72,63*	*69,82*	*68,19*	*66,19*	*71,4*	*68,39*	*67,22*
Reino Unido	81,75	81,95	82,92	80,46	81,11	78,86	76,95
EUA	88,54	87,42	86,95	84,38	88,4	86,56	84,97
Japão	94,37	92,6	88,88	84,23	88,8	87,27	85,32
China	66,62	62,72	62,57	68,23	69,18	68	67,84
UE28	80,85	76,55	75,65	72,4	75,46	73,56	71,83
Mundo	85,05	81,91	79,25	75,4	78,82	77,53	75,72

Fonte: TiVA indicators, OECD-WTO

Como podemos verificar, a percentagem de valor acrescentado nacional nas exportações brutas globais (mundo) e na generalidade dos países diminuiu bastante, cerca de 10%, entre 1995 e 2011, devido ao aumento da fragmentação da produção a nível internacional, que fez crescer a percentagem de valor acrescentado estrangeiro nas exportações brutas dos países. A única exceção é a China, país que apresentava já em 1995 uma percentagem de valor acrescentado nacional relativamente baixa (cerca de 2/3, contra um valor de 85% a nível médio mundial), tendo este valor subido muto marginalmente para cerca de 68% em 2011. Curiosamente, Portugal apresenta também neste indicador um valor relativamente baixo, e em 2011 muito semelhante ao da China, 67,22%, ou seja, por cada euro de valor bruto exportado por Portugal neste ano, 33 cêntimos correspondem a valor acrescentado

ANÁLISE INPUT-OUTPUT

apropriado por países terceiros, o que denota uma boa inserção do país nas cadeias globais de valor.

Um exercício interessante a este nível é a comparação das relações de comércio bilateral entre 2 países, em termos de exportações, importações e saldo da balança de bens e serviços, em termos de valores brutos e em termos de valor acrescentado. Como se depreende dos valores globais acima apresentados, a China exporta mais para os EUA, e tem um excedente comercial com este país, em termos brutos do que em termos líquidos (de valor acrescentado), sendo esta uma análise crucial para medir os verdadeiros impactos do comércio externo nestes, e todos os outros países do mundo. Na referida base de dados (*TiVA – OECD/WTO*) podem consultar-se os valores destes indicadores para todos os países cobertos (63).

12.
Outros tópicos relevantes da Análise IO

Como se pôde verificar nos capítulos anteriores, a análise IO é simultaneamente um corpo teórico e uma metodologia empírica com muitas virtualidades e potencial aplicação a diversos assuntos económicos relevantes. Para além dos que já foram abordados neste manual, muitos outros se poderiam incluir, embora alguns tenham um elevado conteúdo técnico e matemático que torna a sua exposição desadequada a um manual introdutório como este pretende ser. Há contudo mais cinco assuntos que merecem referência e seria lacuna grave não mencionar: i) a alteração dos coeficientes técnicos e a sua atualização, e/ou projeção, através do método RAS; ii) o método de decomposição estrutural para análise e quantificação de alterações importantes na produção dos setores; iii) o modelo de Ghosh, que é um modelo alternativo ao de Leontief, em que se consideram constantes as relações entre os fornecimentos intermédios de cada setor e seu output total; iv) a hipótese de que os coeficientes técnicos podem variar com o nível de produção do setor utilizador ou do setor fornecedor (economias de escala); v) as matrizes de contabilidade social, que são uma extensão do modelo IO e que permitem modelizar não só as atividades de produção e distribuição funcional (ou primária) do rendimento, mas também todos os outros fluxos económicos relevantes na economia e da economia com o resto do mundo, designadamente a redistribuição do rendimento, através da fiscalidade direta e das transferências do Estado para as famílias, as operações financeiras, etc. O objetivo deste capítulo é apresentar, ainda que de forma breve e sintética, estes domínios relevantes da análise IO.

12.1 ATUALIZAÇÃO/PROJEÇÃO DE COEFICIENTES TÉCNICOS: O MÉTODO RAS

A matriz de coeficientes técnicos é o elemento nuclear da análise IO e merece por isso a maior das atenções. Os coeficientes técnicos variam ao longo do tempo por diversas razões, designadamente, i) o progresso técnico, que altera a forma como se produzem os produtos, por exemplo, a substituição de trabalhadores por robots; ii) as economias de escala, ou seja, as poupanças de inputs que é possível obter quando aumenta muito o volume da produção; iii) o aparecimento de novos produtos, quer sejam bens (computadores, telemóveis, etc.), quer sejam serviços (vendas online; Facebook; Google, consultas médicas à distância, etc.); iv) as alterações de preços relativos, que fazem aumentar a utilização de inputs cujo preço baixa em detrimento dos que ficam mais caros (por exemplo, substituição de petróleo por gás natural ou de trabalhadores por máquinas); v) substituição de inputs intermédios por inputs nacionais, ou vice-versa; etc.

A construção de uma matriz de coeficientes técnicos por meios diretos, isto é, por inquéritos às empresas (*survey methods*) é um procedimento exigente, moroso e dispendioso, em meios humanos, técnicos e financeiros, e por isso só é realizado em intervalos relativamente longos, normalmente de cinco em cinco anos (é pelo menos esta a norma para os países da UE, regulamentada pelo EUROSTAT, mas que alguns países não cumprem escrupulosamente). Como vimos anteriormente para o caso português, até há muito pouco tempo os utilizadores do modelo IO tinham que basear os seus estudos numa matriz de 2008, sendo que foi só em 2017 que ficou pronta uma nova matriz de produção nacional a preços de base para o ano de 2013, e mesmo assim provisória, e sujeita a ligeiras alterações ou melhorias que entretanto já ocorreram.

É por isso uma preocupação premente da comunidade IO, desde há largas décadas, a disponibilidade de meios indiretos de construção de uma matriz de coeficientes técnicos (*non-survey methods*), que seja menos exigente em tempo e recursos, e que permita atualizar ou projetar a referida matriz, com base na última matriz disponível e num conjunto mais reduzido de informação setorial. O mais conhecido e mais usado destes métodos é o RAS, proposto por Richard Stone (1961), e que a seguir se apresenta.

Para aplicar o método RAS na construção de uma matriz de coeficientes técnicos do ano corrente (ou de um ano futuro, no caso da projeção), chamemos-lhe $A(1)$, é necessário dispor da seguinte informação: uma matriz de coeficientes técnicos do ano base, a última disponível, chamemos-lhe $A(0)$; o vetor de outputs (VBPs) dos n setores da economia no ano corrente, $x(1)$; o vetor dos fornecimentos intermédios totais de cada setor (ou seja, o somatório das linhas da matriz de consumos intermédios, Z) no ano corrente, chamemos-lhe $u(1)$; o vetor dos consumos intermédios totais de cada setor (ou seja, o somatório das colunas da matriz de consumos intermédios, Z) no ano corrente, chamemos-lhe $v(1)$. Note-se que não é necessário dispor da matriz de fluxos intermédios totais, Z, e é nisso que consiste a vantagem, e a parcimónia, do RAS, sobretudo quando se trabalha com matizes muito desagregadas (por exemplo, no caso de uma matriz com 60 ramos de atividade, em termos de fluxos intermédios é necessário conhecer 60x2 = 120 valores, em vez de $60 \times 60 = 3600$ valores).

No passo inicial do RAS considera-se que $A(1) = A(0)$, ou seja, que os coeficientes técnicos permaneceram estáveis entre o ano 0 e o ano 1. Para testar a credibilidade desta hipótese, tem que passar-se da matriz A, de coeficientes técnicos, para a matriz Z, de fluxos intermédios, o que pode fazer-se dado que se conhece o vetor de outputs do ano 1:

$$\mathbf{Z}^0 = \mathbf{A}(0)\hat{\mathbf{x}}(1)$$

Se a hipótese em causa for credível, o somatório das linhas e das colunas de $\mathbf{Z}^0$ terá que ser igual ao de $\mathbf{Z}(1)$. Começando por testar a igualdade do somatório das linhas, tem que calcular-se $\mathbf{u}^0 = \mathbf{Z}^0 \mathbf{i}$ (em que $\mathbf{i}$ é o vetor unitário que pós-multiplicado por $\mathbf{Z}^0$ nos dá o somatório em causa). Se $\mathbf{u}^0 = \mathbf{u}(1)$, $\mathbf{Z}^0$ tem as somas das linhas corretas, e teria que verificar-se se o mesmo acontece para o somatório das colunas, ou seja se $\mathbf{i}'\mathbf{Z}^0 = v(1)$. Em caso afirmativo, o procedimento RAS acabaria aqui, isto é, com a conclusão de que entre 0 e 1 os coeficientes técnicos não se alteraram. Mas o mais provável é que isto não se verifique, desde logo pelas diversas razões anteriormente expostas para a alteração dos coeficientes técnicos, ou seja, em princípio, $\mathbf{u}^0 \neq \mathbf{u}(1)$ e $\mathbf{v}^0 \neq \mathbf{v}(1)$.

Neste caso, o passo seguinte do RAS é garantir que o somatório das linhas de uma matriz de fluxos intermédios "melhorada", Z^1 é igual ao da matriz "efetiva", $Z(1)$. Para isso, constrói-se um vetor de elementos $r_i^1 = u_i(1)/u_i^0$ e pré multiplica-se a matriz diagonal destes elementos por $A(0)$:

$$\mathbf{A}^1 = \hat{\mathbf{r}}^1\mathbf{A}(0)$$

A seguir calcula-se $\mathbf{Z}^1 = \mathbf{A}^1\hat{\mathbf{x}}(1)$, e tem-se a garantia de que o somatório das linhas desta matriz é igual ao da matriz $\mathbf{Z}(1)$, mas o mesmo não acontece no caso das colunas. Assim sendo, o passo seguinte do RAS é impor que a igualdade do somatório das colunas se verifica, construindo um vetor de elementos $s_j^1 = v_j^1/v_j(1)$, e pós-multiplicando a matriz diagonal destes elementos por A^1:

$$\mathbf{A}^2 = \mathbf{A}^1\hat{\mathbf{s}}^1$$

Note-se que $\mathbf{A}^2$ pode ser determinada a partir de $\mathbf{A}(0)$ da seguinte forma:

$$\mathbf{A}^2 = \hat{\mathbf{r}}^1\mathbf{A}(0)\,\hat{\mathbf{s}}^1,$$

e é daqui que deriva a designação RAS.

Mas agora, ao impor a igualdade do somatório das colunas, rompeu-se a garantia de que o somatório das linhas é igual, e por isso o passo seguinte é retomar essa igualdade, com os elementos $r_i^2 = u_i(1)/u_i^2$ contruindo a seguinte matriz:

$$\mathbf{A}^3 = \hat{\mathbf{r}}^2\mathbf{A}^2,$$

para a qual o somatório das colunas não se verifica, e por isso se constrói o vetor de elementos $s_j^2 = v_j^2/v_j(1)$, e se obtém a matriz $\mathbf{A}^4$:

$$\mathbf{A}^4 = \mathbf{A}^3\hat{\mathbf{s}}^2,$$

que é equivalente a:

$$\mathbf{A}^4 = \hat{\mathbf{r}}^1\hat{\mathbf{r}}^2\mathbf{A}(0)\,\hat{\mathbf{s}}^1\hat{\mathbf{s}}^2.$$

No final deste passo, é o somatório das linhas de $\mathbf{Z}^4$ que não é igual ao de $\mathbf{Z}(1)$, embora os desvios, quer nas linhas, quer nas colunas, sejam cada vez menores (em princípio, o procedimento RAS é convergente) e o processo continua até se terem desvios satisfatórios (nas linhas, ou nas colunas), por exemplo inferiores a um valor pré-determinado, μ (com $\mu = 0{,}01$ ou $0{,}001$).

Apesar de ter algumas limitações, que aqui não vamos desenvolver, por exemplo o facto de um coeficiente técnico inicial nulo, se manter sempre nulo nas matrizes a atualizar ou projetar (o que pode não se verificar no caso de aparecimento de novos produtos), e de ser considerado demasiado mecânico, o RAS tem sido e continua a ser o método bi-proporcional (é assim que é designado, por atuar nas duas "margens", linhas e colunas, da matriz) mais utilizado, desde logo, pelos institutos oficiais de estatísticas, para a atualização de matrizes IO nos anos que medeiam os da construção de quadros IO simétricos completos. Nalguns casos, o método RAS pode ser complementado com informação direta adicional, por exemplo, para coeficientes (ditos) importantes (com reflexo visível na matriz de multiplicadores, ou inversa de Leontief), ou mesmo para setores considerados chave (este conceito foi apresentado em capítulo anterior), casos em que pode recorrer-se a informação recolhida junto de especialistas (normalmente engenheiros de produção), ou em inquéritos diretos a (algumas) empresas.

O método RAS é também interessante porque permite uma sugestiva interpretação económica. Os ajustamentos que se vão fazendo em linha, através dos elementos r_i, têm sido equiparados a um "efeito substituição" de inputs. Note-se que alguns destes r_i são menores que um e outros maiores que um. No caso dos setores em que estes elementos têm valores inferiores à unidade, os inputs que eles fornecem são relativamente menores, acontecendo o inverso nos setores com valores superiores à unidade. Por exemplo, nas últimas décadas têm aumentado relativamente os consumos intermédios de *utilities*, serviços de rede e serviços às empresas (eletricidade, gás e água, transportes, comunicações, comércio, publicidade e marketing, R&D) e têm diminuído relativamente os inputs materiais (físicos). Neste caso, aumentariam os fornecimentos (toda a linha) dos setores em expansão, e diminuiriam todos os fornecimentos (toda a linha) dos setores em retrocesso.

Quanto aos ajustamentos em coluna, através dos elementos s_j, eles têm sido associados a um efeito "progresso técnico", ou seja, à alteração dos processos produtivos de cada setor, sendo que, por exemplo, em determinados setores haveria uma maior substituição de inputs intermédios por trabalho (qualificado) e capital (máquinas e equipamentos mais sofisticados, por exemplo, robots), caso em que os s_j seriam menores que a unidade, não acontecendo isso, ou acontecendo o inverso, em outros setores. Deve dizer-se que esta interpretação, embora sugestiva, tem sido posta em causa por alguns autores.

Finalmente, há que referir que nos últimos anos se têm desenvolvido métodos de atualização ou projeção de coeficientes técnicos mais sofisticados, alguns derivados do próprio RAS (TRAS, ou "Three-stage" RAS; GRAS ou "Generalized" RAS; ERAS, ou "Extended" RAS), e outros decorrentes de complexos procedimentos de otimização com restrições, lineares ou não

ANÁLISE INPUT-OUTPUT

lineares. Estes métodos extravasam os limites de um manual introdutório como este, remetendo-se o leitor interessado para Miller and Blair (2009), capítulo 7, que para além da descrição de alguns destes métodos também apresentam exemplos numéricos do RAS, ou para o volume 16 da revista *Economic Systems Research*, dedicado a estre assunto, e em particular o seu artigo introdutório da autoria de Lahr and de Mesnard (2004).

12.2 MÉTODO DE DECOMPOSIÇÃO ESTRUTURAL

Um dos mais importantes resultados da Análise IO é o que nos dá as produções setoriais em função das condições tecnológicas, capturadas na matriz inversa de Leontief e na matriz de coeficientes técnicos de que ela deriva (lado da oferta), e nas preferências e atitudes de consumo e investimento, traduzidas no vetor de procura final (lado da procura). Se dispusermos de dados IO para 2 momentos distintos, e razoavelmente distantes um do outro (por exemplo, com um intervalo de 5 anos entre eles), pode ser interessante quantificar os efeitos na alteração da produção dos setores atribuíveis aos dois fatores atrás referidos, as alterações da tecnologia e as alterações da procura final. É exatamente este o exercício a que usualmente se chama método de decomposição estrutural, que a seguir se descreve.

Considerando que os subscritos 0 e 1 correspondem ao ano inicial e ao ano final para os quais se está a utilizar a Análise IO, temos as seguintes relações:

$$x^0 = B^0 y^0 \text{ e } x^1 = B^1 y^1$$

Em que x é o vetor coluna de outputs dos n setores da economia, $B = (I-A)^{-1}$ é a matriz inversa de Leontief, ou de multiplicadores de produção, e y é o vetor coluna de procura final dirigida aos n setores da economia.

Considerando ainda que $\Delta x = x^1 - x^0$, $\Delta B = B^1 - B^0$ e $\Delta y = y^1 - y^0$, podem exprimir-se as variações das produções setoriais da seguinte forma:

$$\Delta x = (\Delta B) y^0 + B^0 (\Delta y) + (\Delta B) (\Delta y).$$

O primeiro elemento do lado direito da expressão anterior, $(\Delta B) y^0$, corresponde às alterações da produção dos setores provocadas por alterações tecnológicas (ou da matriz de coeficientes técnicos, A). O segundo elemento,

B^0 (Δy), corresponde às alterações produtivas decorrentes de variações da procura final (vetor y), e finalmente, o terceiro elemento corresponde ao chamado efeito de interação (ou efeito conjunto) das duas alterações, tecnológicas e de procura. Pode ser um exercício muito interessante quantificar estes efeitos e expressá-los em percentagem do efeito total, para verificar qual deles é o mais importante. Dado que os coeficientes técnicos tendem a ser relativamente estáveis, não variando muito, pelo menos em períodos relativamente curtos, o efeito das variações na procura final tende a ser superior ao efeito das alterações tecnológicas, mas é claro que isto depende de economia para economia, e das fases de alteração estrutural porque as economias passam, e será sempre uma incumbência do trabalho empírico cuidadoso verificar se na prática assim é. Há muitas outras aplicações e utilidades do método de decomposição estrutural, por exemplo, na análise das alterações do valor acrescentado ou do emprego, ou das produções dos setores em várias regiões de um país, etc., e há também muitas expressões alternativas para determinar as variações em estudo. Para uma análise mais aprofundada deste assunto, pode ver-se Miller and Blair (2009), capítulo 13 ou Dietzenbacher and Los (1998).

12.3 O MODELO DE GHOSH

A hipótese básica do modelo IO de Leontief, como vimos no capítulo 2, considera constantes os rácios entre os consumos intermédios de cada setor (valores de cada coluna da matriz Z, de fluxos intermédios) e o seu output (ou produção) total, ou seja, os designados coeficientes técnicos. Este modelo permite determinar o valor dos outputs setoriais em função dos valores da procura final dirigida a cada setor, e é por isso considerado um modelo "determinado pela procura", ou em inglês, *"demand- driven"*.

Em 1958, Ghosh propôs um modelo IO alternativo, cuja hipótese básica é considerar constantes os rácios entre os fornecimentos intermédios de cada setor (os valores de cada linha da referida matriz Z) e o seu output, ou vendas totais, o que poderemos designar por coeficientes de afetação, ou de mercado. Como veremos de seguida, este modelo permite determinar o valor das vendas totais de cada setor (simultaneamente a sua produção total), com base nos valores pagos aos inputs primários dos setores (remunerações do trabalho, EBE, impostos indiretos líquidos de subsídios e inputs importados), sendo por isso considerado um modelo "determinado pela oferta", ou em inglês "*supply-driven*".

Utilizando notação matricial, o modelo de Ghosh pode formalizar-se da seguinte forma:

$$(12.1) \qquad \mathbf{x}^T = \mathbf{u}^T \mathbf{Z} + \mathbf{v}^T$$

Em que; $\mathbf{x}^T$ é o vetor linha de outputs dos n setores da economia; $\mathbf{u}^T$ é o vetor linha unitário de dimensão adequada (n), $\mathbf{Z}$ é a matriz de fornecimentos/ /consumos intermédios, de dimensão $n \times n$; $\mathbf{v}^T$ é o vetor linha de valores totais de remuneração dos inputs primários dos n setores da economia.

Designemos por $\mathbf{B}$ a matriz de coeficientes de afetação (ou de mercado)[20], construídos da seguinte forma, para o caso do setor i:

$$b_{ij} = \frac{z_{ij}}{x_i}, \qquad \text{para } j = 1, 2, ..., n$$

Matricialmente, a matriz $\mathbf{B}$ é dada por:

$$\mathbf{B} = \hat{\mathbf{x}}^{-1}\mathbf{Z}$$

Do que decorre que:

$$\mathbf{Z} = \hat{\mathbf{x}}\mathbf{B}$$

E usando a expressão (12.1), temos:

$$\mathbf{x}^T = \mathbf{u}^T\hat{\mathbf{x}}\mathbf{B} + \mathbf{v}^T = \mathbf{x}^T\mathbf{B} + \mathbf{v}^T$$

dado que $\mathbf{u}^T\hat{\mathbf{x}} = \mathbf{x}^T$. Daqui decorre que:

$$\mathbf{x}^T = \mathbf{v}^T(\mathbf{I} - \mathbf{B})^{-1}$$

Esta é a solução do modelo de Ghosh, que nos dá os valores dos outputs (ou vendas) totais dos setores, em função dos valores da remuneração dos seus inputs primários e da chamada matriz inversa de Ghosh, que é usualmente designada por G:

$$\mathsf{G} = (\mathbf{I} - \mathbf{B})^{-1}$$

---

[20] Não confundir com a matriz $\mathbf{B}$ dos capítulos 2 a 4, que é nesse caso a matriz inversa de Leontief, $(\text{I-A})^{-1}$. Neste capítulo, a matriz inversa de Leontief será designada pela letra L.

Esta matriz tem sido designada como "*output inverse*" (dado que decorre de "coeficientes de output"), por contraposição com a inversa de Leontief, a que se costuma chamar "*input inverse*" (dado que se baseia em "coeficientes de input"). O elemento genérico da matriz $\mathbf{G}$, g_{ij}, pode ser interpretado como medindo "o valor da produção total do setor j que decorre de uma unidade de remuneração dos inputs primários paga no setor i".

O modelo de Ghosh não é tão consensual na análise IO como o modelo de Leontief, mas continua a ser usado e tem sido objeto de uma vasta literatura, apologética ou crítica. A este propósito, pode ver-se: Oosterhaven (1996); Dietzenbacher (1997); Miller and Blair (2009), capítulo 12.

12.4 RENDIMENTOS NÃO CONSTANTES À ESCALA E PRODUÇÃO DOS SECTORES FORNECEDORES

A maior parte das utilizações do modelo IO parte da hipótese, por nós já discutida no capítulo 2, que os coeficientes técnicos não variam, nem com o nível da produção do sector utilizador nem com o nível de produção do sector fornecedor.

Mas esta hipótese, que na maior parte das utilizações é perfeitamente admissível, para certos estudos específicos pode revelar-se demasiado rígida.

Vamos ver dois exemplos.

Suponhamos que estamos a estudar os fornecimentos a um sector j para o qual existe a possibilidade de efetivar economias de escala, ou seja, em que quanto maior for o nível de produção de j menores serão alguns dos coeficientes técnicos a_{ij} de alguns ou de todos os fornecimentos de sectores necessários para realizar essa produção. É muito comum esta situação, principalmente em sectores que são capital-intensivos, ou seja, que comparativamente necessitam de mais equipamento por unidade de produção realizada.

Para situações destas pode ser útil generalizar o nosso modelo e considerar coeficientes técnicos *dependentes da escala da produção do sector utilizador*, ou seja, coeficientes técnicos $a_{ij}(x_j)$.

Nada de muito importante haverá a alterar na interpretação dos resultados obtidos com esta nova hipótese. As dificuldades que poderão surgir serão essencialmente as que se ligam com o conhecimento de quais as expressões analíticas das funções $a_{ij}(x_j)$ apropriadas ao caso específico que estamos a tratar, o que nem sempre é fácil determinar.

Por outro lado, os cálculos matemáticos, por se introduzirem agora expressões não-lineares (ao contrário do que sucede com o modelo de Leontief), tornam-se um pouco mais complexos, embora em geral, na prática, essas dificuldades adicionais sejam ultrapassáveis de forma razoavelmente eficaz através da utilização de técnicas de cálculo numérico.

Um segundo exemplo tem a ver com as maiores ou menores disponibilidades de oferta dum dado sector fornecedor i. Por exemplo, se a produção do sector i descer e não for fácil substituir a sua produção por importações, então é natural que diminua a utilização relativa do bem ou serviço produzido pelo sector i como input dos sectores seus clientes. Ou seja, é natural que cada coeficiente a_{ij} possa variar com o nível de produção do sector i, o mesmo é dizer que tenhamos funções $a_{ij}(x_i)$.

São válidas aqui também as observações feitas ao exemplo anterior relativamente às dificuldades adicionais.

Uma formulação que combina os dois efeitos ilustrados nos exemplos é a que considera cada fornecimento x_{ij} como dependente dos níveis de produção, quer do sector fornecedor quer do sector utilizador, o que significa que o coeficiente técnico a_{ij}, em geral, dependerá também desses dois níveis de produção, ou seja $a_{ij}(x_i, x_j)$. A utilização deste modelo IO generalizado foi estudada por um de nós em Amaral (1991).

Repare-se que todas estas possibilidades que temos vindo a considerar no presente parágrafo não têm a ver diretamente com alterações de tecnologia que façam variar os coeficientes técnicos. Essas variações, que se fazem sentir, em geral, a médio ou longo prazos, são melhor detetadas e tomadas em consideração por um processo como o RAS, acima descrito. O presente parágrafo refere-se a alterações que têm ver com o curto prazo e que na maior parte dos casos não resultam de alterações tecnológicas.

12.5 MATRIZES DE CONTABILIDADE SOCIAL (SAMS)

As Matrizes de Contabilidade Social são um poderoso instrumento para registar todas as transações e transferências económicas, não só entre os ramos de atividade de uma economia (como no caso do modelo IO), mas também entre os chamados setores institucionais (Famílias, Empresas, Governo e Resto do Mundo). Na prática, uma matriz deste tipo (normalmente referenciada como SAM – *Social Accounting Matrix*, da sua designação em inglês), organiza e regista, em linha e em coluna, todos os fluxos do Sistema de Contas Nacionais. Inicialmente proposta por Richard Stone (1961), esta construção teórica e empírica foi depois desenvolvida por Pyatt and Thornbeck (1976), Pyatt and Round (1985) e Keuning (1996). Inicialmente as SAMs foram sobretudo usadas na análise dos países em desenvolvimento, mas nos últimos anos ganharam relevância por serem o principal suporte empírico dos chamados modelos computáveis de equilíbrio geral, ou *CGE models*).

Por convenção, lidos em linha os elementos da SAM correspondem a pagamentos e lidos em coluna correspondem a recebimentos. E todos os seus elementos (numéricos ou algébricos) são organizados em contas, designadamente: a conta de produção e a conta do valor acrescentado (que por sua vez se podem subdividir em ramos de atividade, produtos, e fatores primários, correspondendo ao bloco IO da SAM, ou do Quadro de Recursos e Empregos. A estas contas, que detalham os fluxos associados ao processo produtivo e à distribuição primária do rendimento, são depois acopladas outras, designadamente a conta da distribuição secundária do rendimento, entre os diversos setores institucionais (famílias, empresas e Estado), a conta da utilização do rendimento disponível (consumo final e poupança interna) e a conta de capital (FBCF e variação de existências), bem como a conta financeira (empréstimos pedidos e concedidos; endividamento) e a conta do Resto do Mundo (exportações, importações, rendimentos primários e transferência de e para o exterior; saldo da balança de pagamentos).

Por definição, o valor total de cada linha da SAM é igual ao valor total de cada coluna, e colocando algumas hipóteses semelhantes às da análise IO, designadamente a constância dos coeficientes verticais das componentes endógenas da matriz (apropriadamente escolhidas em função dos objetivos particulares da análise) é possível construir os chamados multiplicadores socioeconómicos, que fornecem os valores das variáveis endógenas em função das variáveis exógenas.

Dada a grande variedade de SAMs existentes na literatura relevante, e a enorme complexidade, teórica e empírica, dos modelos socioeconómicos que delas se podem extrair, não desenvolveremos este tópico aqui, remetendo o leitor mais interessado (e mais curioso...) para a literatura básica atrás citada (dos autores pioneiros e mais importantes neste contexto), bem como para o capítulo 11 de Miller and Blair (2009). Para uma interessante e útil aplicação ao caso português, ver Susana Santos (2007 e 2009).

13.
Exemplos de aplicações práticas do Modelo IO

Neste capítulo vamos exemplificar duas aplicações do modelo IO que têm relevância para a economia portuguesa. A primeira aborda os efeitos da variação do preço do petróleo, a segunda tem a ver com a adoção de uma política de eficiência energética.

13.1 EFEITOS DA VARIAÇÃO DO PREÇO DO PETRÓLEO SOBRE A ECONOMIA PORTUGUESA

Sendo a economia portuguesa muito dependente da utilização do petróleo bruto e não sendo o nosso País produtor de petróleo, uma variação do preço do petróleo nos mercados internacionais têm incidência - positiva ou negativa de acordo com o sentido da variação - em três domínios fundamentais: os preços internos, o saldo da balança corrente com o exterior e as receitas públicas, dado o facto de existir uma tributação importante sobre os combustíveis.

Neste exemplo vamo-nos focar apenas sobre os efeitos nos preços internos.

Suponhamos, então, que se punha a seguinte questão, que tem importância para economias dependentes do petróleo, como a portuguesa:

Questão: quais os aumentos dos preços da produção sectoriais da economia portuguesa, em resultado do aumento de 50% no preço do petróleo, tudo o resto se mantendo constante?

Note-se, em primeiro lugar que, dada a volatilidade do preço do petróleo nos mercados internacionais, um aumento de 50% em poucos meses, ou mesmo semanas, é algo perfeitamente plausível e que já se verificou no passado. E o mesmo se pode dizer de uma diminuição da mesma ordem de grandeza, ou mesmo muito maior.[21]

Em segundo lugar, vamos admitir que tudo o resto se mantém constante. O que no caso em apreço significa que os impostos indiretos que incidem sobre os combustíveis mantêm a mesma proporção sobre o valor dos fluxos de fornecimentos de combustíveis que tinham antes do aumento e portanto os impostos não contribuem para uma variação adicional dos preços.

Da mesma forma, consideramos, numa primeira aproximação, que os preços das restantes importações não variam, embora aqui saibamos que um aumento do preço internacional do petróleo faz em geral aumentar os preços no mercado internacional de grande parte dos produtos transacionados entre países. Esta hipótese é assumida para simplificar a análise, que em caso contrário se tornaria muito complexa, sendo certo que a consideração do efeito sobre os preços dos outros produtos no mercado internacional não iria ter efeitos muito significativos sobre os preços internos em Portugal.

Pode assim dizer-se que os efeitos sobre os índices de preços na produção que são calculados são apenas os imediatos, ou seja, antes de se verificarem os efeitos sobre os restantes preços da produção. A seguir, quando abordarmos o impacte no índice de preços implícito no consumo flexibilizaremos parcialmente esta hipótese.

Com estas hipóteses e como Portugal não produz petróleo, o aumento de preço refere-se ao preço de petróleo importado.

Então, a forma de resolver a questão é utilizar o modelo IO desenvolvido para os preços no capítulo 7, na sua versão em economia aberta:

$$\mathbf{p} = \left[\mathbf{I} - \widehat{(1+\lambda)}\mathbf{A}^{\mathbf{D}\,\mathbf{T}}\right]^{-1}\left[\widehat{(1+\lambda)}\left(\widehat{\mathbf{Wc}}\,\mathbf{w}^* + \mathbf{M}^{*\mathbf{T}}\mathbf{p}^{\mathbf{im}}\right)\right]$$

---

[21] Por exemplo, no ano de 2008, o preço de um barril de petróleo era $107.08, em janeiro, $157.75 em junho e $52.35 em dezembro. Ou mais recentemente, era em janeiro de 2016, $29.64 e em maio deste mesmo ano, $50.38. Atualmente (finais de 2017, inícios de 2018) anda por volta dos 60 dólares americanos.

Como só varia o preço do petróleo, e na mesma proporção dos combustíveis importados[22], e não estamos interessados portanto na variação da taxa de impostos indiretos, podemos utilizar as matrizes IO avaliadas a preços de base.

Da equação matricial anterior, uma vez que é linear (pois todas as matrizes envolvidas são constantes, com exceção do vetor p^{im}) podemos escrever em termos de variação:

$$\Delta p = \left[I - \widehat{(1 + \lambda)} A^{D\,T}\right]^{-1} \left[\widehat{(1 + \lambda)}\, M^{*T} \Delta p^{im}\right]$$

em que, como anteriormente, Δ simboliza "variação".

O que pretendemos obter é o valor de Δp.

O que conhecemos são as matrizes A^D (matriz dos coeficientes técnicos domésticos), $\left[\widehat{(1 + \lambda)}\right]$ (matriz diagonal das taxas de mark up do excedente bruto de exploração) e M^* (matriz dos coeficientes de importação). Como as matrizes mais recentes que conhecemos são as calculadas para 2013, o exercício será feito considerando esse ano como referência.

Conhecemos também o vetor Δp^{im} que, por hipótese, tem todas as componentes nulas exceto a que correspondente ao petróleo, que assume o valor 0,50 (como por hipótese todos os índices de preços são iguais à unidade no ano em causa, um aumento de 50% significa uma variação absoluta de 0,50).

Fazendo então os cálculos (não esquecendo que as matrizes A^D e M^* têm de ser transpostas) obtemos as variações setoriais de preços na produção apresentadas no quadro 13.1. Como as matrizes do INE têm 64 ramos de atividade, por uma questão de economia de espaço apresentamos apenas os 20 ramos com maior variação de preço. No topo da lista, e para além do caso óbvio do próprio setor dos combustíveis (com uma variação final do preço de +45,2%, dado que há outros custos para além do petróleo bruto), vêm como seria de esperar os setores dos transportes (aéreos, +13,7%; terrestres, +8,7%), bem como outros setores com forte conteúdo (direto e indireto) em combustíveis, designadamente a pesca (+5,4%), os produtos químicos (+4,9%), a indústria extrativa (+4,3%), a agricultura (+4,2%) e a Eletricidade, Gás e Água (+3,9%).

---

[22] Uma vez que na matriz IO portuguesa o petróleo bruto se encontra no sector dos Minérios e Outros Produtos das Indústrias Extrativas e os combustíveis num sector diferente, Produtos Petrolíferos Refinados, é necessário considerar duas variações de preços das importações.

Para além das variações dos preços dos diversos setores produtivos, será possível obter um indicador mais significativo, e mais sintético, que resuma os efeitos sobre os preços?

O ideal seria obter o efeito sobre o índice de preços no consumidor (IPC), que é o indicador geralmente utilizado para medir a inflação. Com a informação do modelo IO não podemos obter o efeito sobre o IPC[23]. Mas podemos obter o efeito sobre o índice de preços implícito no consumo privado (IPIC), que, em geral, tem uma variação próxima do IPC.

Vamos então calcular o efeito no IPIC de uma variação do preço do petróleo.

Em primeiro lugar, convém lembrar que o Consumo Privado total é a soma dos fornecimentos para consumo privado originados na produção nacional mais os valores dos produtos diretamente importados para consumo privado. Ou seja:

$$p_c C = \sum\nolimits_{i=1}^{n} p_i c_i + p_m c_m$$

em que p_c é o valor do IPIC p_i o índice de preços na produção do sector i, p_m o índice de preços de todos os produtos de consumo importados, C o consumo privado em termos reais (ou mais rigorosamente, a preços constantes), c_i e c_m os fornecimentos para consumo respetivamente originados no sector produtivo nacional i e nas importações.

Note-se que numa primeira fase, e tendo em conta que o fornecimento direto importado de combustíveis para consumo privado é diminuto, podemos ignorar esta componente e considerarmos todos os fornecimentos importados agregados no valor . Numa segunda fase, iremos fazer uma análise mais rigorosa, destacando do resto das importações o valor dos combustíveis diretamente importados para consumo privado.

Todos os índices de preços são iguais à unidade antes do aumento do preço do petróleo, ou seja os valores C, c_i e c_m são avaliados a preços de 2013 (para verificar isto basta fazer $p_c = p_i = p_m = 1$ na equação anterior) e o que se vai calcular é, portanto, o efeito do aumento do preço do petróleo relativamente aos preços que vigoraram em 2013.

---

[23] O cálculo do IPC é feito pelo INE, considerando a variação dos preços de um numeroso conjunto de bens e serviços representativo da estrutura de consumo das famílias.

Então, podemos escrever, dividindo ambos os membros por C:

$$\Delta p_C = \sum_{i=1}^{n} \Delta p_i c_i / C + \Delta p_m c_m / C$$

Pela primeira hipótese feita acima, $\Delta p_m = 0$ (ou seja, considera-se que os preços de importação dos outros produtos que não o petróleo, não variam e que o peso dos combustíveis diretamente importados para consumo privado é negligenciável). Por outro lado, já conhecemos os valores calculados dos Δp_i (os quais são apresentados no quadro 13.1, para o caso das 20 variações mais significativas).

Finalmente, obtemos os valores c_i/C diretamente da Matriz de Produção Nacional a preços de base para 2013 (coluna do Consumo Privado, no segundo quadrante desta matriz) o que nos permite calcular a variação do IPIC induzida por um aumento de 50% no preço do petróleo como sendo: $\Delta p_C = \sum_{i=1}^{n} \Delta p_i c_i / C$. Ou seja, como o índice de preços antes da variação é por convenção igual à unidade, e feitas as contas, Δp_C é igual a 0,0312, isto significa que o aumento percentual do IPIC é de 3,12%, e, como se disse, o efeito seria próximo se tivéssemos possibilidade de calcular o impacto sobre o IPC.

Dados os valores diminutos que a inflação tem apresentado nos últimos anos (menos de 2%) o impacto do aumento de 50% no preço do petróleo seria significativo, mesmo considerando que este aumento não teria efeito no preço dos bens importados (via inflação externa).

É a altura de flexibilizarmos esta hipótese de que os restantes preços de importação se mantêm constantes. Esta hipótese, se quisermos ir além dos impactes imediatos, não é realista, porque o petróleo ainda é uma das fontes de energia mais utilizada nos processos produtivos em todos os países do mundo, e o aumento significativo do seu preço traduzir-se-ia necessariamente no aumento do preço dos bens de consumo importados. Para calcular com rigor este efeito, teríamos que conhecer a estrutura produtiva média dos nossos parceiros comerciais (concretamente o peso, direto e indireto, dos derivados do petróleo na produção das nossas importações diretas para consumo privado), o que é um exercício muito complicado.

Uma hipótese de contornar isto (que não é tão irrealista como considerar que a inflação externa não varia na sequência de um aumento de 50% no preço do petróleo no mercado mundial deste produto) no que respeita ao cálculo IPIC é considerar que os aumentos de preços dos bens importados seriam idênticos aos dos produtos similares produzidos em Portugal. O cálculo de Δp_C neste caso pode fazer-se através da seguinte fórmula:

$$\Delta p_C = \sum_{i=1}^{n} \Delta p_i c_i^T / C$$

Em que c_i^T é o consumo privado total do bem i, quer fornecido pelas empresas nacionais, quer importado. Os valores de c_i^T podem ser obtidos na Matriz de Transações Totais a preços de aquisição (mais uma vez, o método de cálculo simplificado que usamos neste contexto, não trata explicitamente os efeitos relacionados com a fiscalidade indireta).

Calculado de acordo com esta segunda hipótese, o valor de Δp_C é 0,0354, correspondendo a um aumento percentual do IPIC de 3,54%, que deve estar mais próximo do verdadeiro efeito inflacionista em Portugal de um eventual "choque petrolífero" desta grandeza, considerando todos os seus efeitos (nacionais e internacionais).

Note-se, no entanto, que esta flexibilização da hipótese é ainda insuficiente. Com efeito, obtivemos os índices de preços da produção supondo os restantes preços da importação constantes. Tal, como se disse, é uma hipótese razoável quando se pretende obter os efeitos imediatos. Mas posteriormente, também os restantes preços da importação sobem por causa do impacte do aumento do preço do petróleo. Foi esse o impacto que usámos no segundo cálculo do IPIC. Mas este cálculo ainda subavalia o impacto do aumento do preço do petróleo, uma vez que os índices de preços da produção nacional usados para obter o valor do IPIC foram obtidos supondo que os restantes preços da importação se mantinham constantes.

Por isso, podemos dizer que o valor de 3,54% para o IPIC ainda subavalia, embora provavelmente num valor reduzido, o impacte do aumento dos preços do petróleo. Porém, calcular os índices de preços da produção nacional admitindo que todos os preços da importação aumentariam como os preços de produção interna seria uma hipótese com pouca base porque, como se referiu, não conhecemos o impacto do aumento do preço do petróleo nos preços dos nossos fornecedores. Se essa hipótese se pode fazer para o cálculo do IPIC, como se fez, o erro não será muito significativo. Porém se fizermos esta hipótese para toda a economia podemos ampliar o erro excessivamente devido às relações mútuas que os sectores estabelecem entre si.

Ficamos, pois com os valores calculados para o IPIC: aumento de 3,12% na primeira hipótese, ou seja, efeitos imediatos do aumento de preço do petróleo, efeitos que ainda não são sentidos nos outros produtos de importação e de 3,54% na segunda hipótese, ou seja em que os restantes produtos de importação têm aumentos de preços iguais aos da produção nacional, mas que estes preços da produção nacional são obtidos sem que os outros preços de importação que não o petróleo tivessem tido tempo de se ajustar ao aumento deste.

Deve, no entanto, referir-se que os impactos inflacionistas calculados, quer com a primeira, quer com a segunda hipótese, não têm em conta possíveis, e prováveis, reações do comportamento ao nível da procura de produtos petrolíferos (retração no consumo e medidas de eficiência energética) que tenderiam a moderar os efeitos em causa.

Quadro 13.1 – Efeito nos preços setoriais de um aumento de 50% do preço do petróleo

1	Coque, produtos petrolíferos refinados e aglomerados de combustíveis	45,16
2	Serviços de transporte aéreo	13,65
3	Serviços de transporte terrestre e por condutas (pipelines)	8,67
4	Produtos da pesca e da aquacultura e serviços relacionados	5,39
5	Produtos químicos e fibras sintéticas ou artificiais	4,86
6	Minérios e outros produtos das indústrias extrativas	4,26
7	Produtos da agricultura, da produção animal, da caça e dos serviços rela	4,15
8	Eletricidade, gás, vapor, água quente e fria e ar frio	3,93
9	Produtos da silvicultura, da exploração florestal e serviços relacionados	3,78
10	Outros produtos minerais não metálicos	3,48
11	Serviços de agências de viagens, operadores turísticos e outros serviços	3,39
12	Serviços de transporte por água	2,52
13	Papel e cartão e seus artigos	2,08
14	Produtos alimentares, bebidas e da indústria do tabaco	2,04
15	Madeira e cortiça e suas obras, exceto mobiliário, obras de espartaria e	1,98
16	Esgotos, gestão de resíduos e serviços de descontaminação	1,97
17	Construções e trabalhos de construção	1,90
18	Vendas por grosso, exceto de veículos automóveis e motociclos	1,78
19	Serviços de aluguer	1,63
20	Serviços de ação social	1,48

Nota: apresentam-se apenas as 20 variações mais significativas

Fonte: Matrizes IO 2013 do INE e cálculos dos autores

13.2 OS RESULTADOS DE UMA POLÍTICA PROMOTORA DA EFICIÊNCIA ENERGÉTICA

No capítulo 9 descrevemos a utilização dos modelos IO na abordagem das questões energéticas.

Vamos agora ilustrar, numa situação simplificada, mas mesmo assim interessante, a utilização do modelo IO na determinação dos efeitos de uma política promotora da eficiência energética, ou seja, de poupança de energia.

A energia a poupar é, neste exemplo, a resultante da utilização dos combustíveis fósseis. A ilustração dos efeitos será feita para a economia portuguesa para o ano de 2013, último ano para o qual se dispõe de informação estatística necessária.

O exercício é realizado nos passos seguintes:

a) Admite-se que se pretende obter uma poupança de combustíveis fósseis (setor do coque, produtos petrolíferos refinados e aglomerados de combustíveis) que se traduza numa redução de 5% dos coeficientes técnicos relativos aos fornecimentos do setor dos combustíveis, tanto dos coeficientes técnicos nacionais como importados. Obtêm-se assim novas matrizes $\mathbf{A}^{D*}$ e $\mathbf{M}^{**}$ que substituem respetivamente as matrizes $\mathbf{A}^D$ e $\mathbf{M}^*$ efetivamente verificadas em 2013, e que se diferenciam destas apenas na linha respetiva de fornecimentos do sector dos combustíveis fósseis.

b) Admite-se uma redução de 5% nos fornecimentos, tanto nacionais como importados do sector dos combustíveis fósseis, para procura final. Obtêm-se assim novos vetores de procura final (nacional e importada) que diferem dos vetores efetivamente verificados em 2013 apenas nos respetivos fornecimentos do sector dos combustíveis fósseis.

c) Utilizando as novas matrizes e os novos vetores da procura final, obtém-se, com o modelo IO, o valor do PIB e das importações que se verificariam em 2013 se, nesse ano, tivesse existido uma política de poupança de energia como a que admitimos.

d) Comparam-se os valores do PIB e importações assim obtidos com os valores efetivamente verificados em 2013, de acordo com os dados do INE.

Resultados

Procedendo da forma que descrevemos, chegamos à conclusão que uma política de poupança de energia executada nos moldes que referimos permitiria aumentar o PIB em 238 milhões de euros (cerca de 0,13% do valor de 2013) e diminuir as importações em 346 milhões de euros (cerca de 0,54% do valor de 2013) face aos valores efetivamente verificados em 2013 (ver quadro 13.2). Dado que as exportações são consideradas exógenas no modelo IO, e portanto manteriam o seu valor, esta política traduzir-se-ia numa melhoria do saldo da Balança de Bens e Serviços de 346 milhões de euros, ou seja, 0,21% do PIB.

Quadro 13.2 – Impactos macroeconómicos de uma política de poupança de energia (-5% na utilização de combustíveis fósseis)

	2013	C/ Ef. En.	Variação
PIBpm	170 269	170 507	**238**
Importações Totais	63 535	63 189	**-346**
Exportações (exógenas)	59 128	59 128	**0**
Ex-Im	-4 408	-4 062	**346**
(Ex-Im)/Y	-0,0259	-0,0238	**0,0021**

Fonte: Matrizes IO 2013 do INE e cálculos dos autores

14.
Conclusão

A elaboração do presente manual teve como objetivo tornar disponível, num só volume, as bases teóricas da Análise Input-Output, os principais desenvolvimentos que permitem à Análise IO ser utilizada no estudo de muitas questões essenciais da Economia e a descrição de algumas aplicações práticas das metodologias nela baseadas.

O Leitor será o juiz que julgará se o objetivo do livro foi alcançado.

Da nossa parte queremos apenas reforçar duas ideias base que estiveram presentes, de forma explícita ou implícita, em todos capítulos do livro.

A primeira ideia é a de que as potencialidades da Análise IO enquanto ferramenta de estudo e compreensão dos fenómenos económicos são extraordinariamente amplas, conforme ilustrámos através dos módulos que se podem acoplar (a *construção Lego*, como referimos) para analisar questões de emprego, da economia regional, do ambiente, da energia, das cadeias globais de valor, etc.

Note-se, no entanto, que estas potencialidades não significam que a Análise IO não tenha limitações. A maior parte delas foi referida no texto, mas não queremos encerrar o manual sem chamar a atenção para um aspeto que pode em certos casos tornar-se fonte de distorção da análise: é a questão da maior ou menor agregação da matriz IO com que se trabalha.

Uma maior desagregação é em geral mais adequada, uma vez que aproxima mais a correspondência biunívoca produto-sector. Mas por vezes – por exemplo quando queremos comparar duas matrizes com desagregação setorial diferente – é necessário trabalhar com matrizes mais agregadas, juntando dois ou mais sectores duma matriz mais desagregada, formando assim sectores de maior dimensão. O problema é que diferentes graus de agregação podem, só pelo facto da agregação, originar efeitos multiplicadores diferenciados. Este é um exemplo, muito comum, dos cuidados que é necessário ter no trabalho com modelos IO. Recomendamos, portanto, que estejam sempre presentes as hipóteses que se façam relativamente a cada aplicação do modelo. Os resultados, convém lembrar, são sempre condicionais à verificação dessas hipóteses.

A segunda ideia base tem a ver com a diversidade de aplicações práticas do modelo IO. O facto de se dispor, em Portugal e em muitos outros países, de dados estatísticos suficientes para muitas aplicações, constitui certamente uma grande vantagem da metodologia. Nem sempre foi assim, mas a partir da década de setenta do século passado essa disponibilidade passou a ser regular.

No corpo deste manual, demos alguns exemplos de aplicações, designadamente, o estudo dos efeitos do aumento de preço do petróleo ou o impacte de uma política de poupança de energia. Exemplos de outras aplicações interessantes são:

- Estudos de impacto macroeconómico e sectorial das políticas de desvalorização interna, ou seja de redução salarial;
- Estudo dos efeitos do aumento do salário mínimo;
- Estudo dos efeitos de variação da taxa do IVA;
- Avaliação *ex-ante* e *ex-post* do impacto na sociedade de grandes projetos de investimento;
- Estudo de efeitos sobre a economia, e o seu aparelho produtivo, da ocorrência de certos tipos de catástrofe, por exemplo, terramotos ou grandes cheias, quer a nível nacional, quer a nível regional ou local (com matrizes IO ajustadas à escala em causa).

Muitos outros exemplos se poderiam acrescentar. Mas o que fica dito parece-nos suficiente para fazer justiça à enorme utilidade e versatilidade das metodologias de avaliação baseadas na Análise IO.

APÊNDICE MATEMÁTICO

Cálculo matricial. Conceito de matriz

O cálculo matricial é um ramo da Matemática cuja utilização constitui uma ferramenta imprescindível no estudo da inter-relação entre componentes de um sistema. No nosso caso, o sistema é o sistema produtivo, as componentes são os sectores de atividade e as inter-relações entre as componentes são representadas pelos fornecimentos intermédios e pelos respetivos coeficientes técnicos. O facto de se considerarem coeficientes técnicos constantes facilita a aplicação do cálculo matricial embora este possa ser usado mesmo em situações em que os coeficientes técnicos são considerados como sendo variáveis e dependentes da escala da produção.

Como o próprio nome indica, o cálculo matricial tem como base o conceito de *matriz*.

Uma *matriz* de n linhas por m colunas é um quadro de dupla entrada em que são dispostos números (os elementos da matriz m x n), quadro que tem n linhas (leitura horizontal) e m colunas (leitura vertical). Muitas vezes usa-se o nome fila para indicar, indistintamente uma linha ou uma coluna.

Cada elemento de uma matriz é representado com dois índices em que o primeiro indica a linha em que o elemento se encontra e o segundo a coluna em que o elemento se encontra. Por exemplo, se tivermos uma matriz A e um elemento a_{ij}, esta notação significa que o elemento se encontra na linha i e na coluna j da matriz A.

Uma matriz $A_{(nxm)}$, símbolo que significa que A tem n linhas e m colunas, pode representar-se como um quadro de n linhas e m colunas (é esse aliás o seu conceito) tal como a matriz seguinte

ANÁLISE INPUT-OUTPUT

$$A = \begin{bmatrix} a_{11} & \cdots & a_{1m} \\ \vdots & \ddots & \vdots \\ a_{1n} & \cdots & a_{nm} \end{bmatrix}$$

ou pode representar-se de forma mais manejável e facilmente compreensível como

$$A = \{a_{ij}\}, \; i=1,...n; \; j=1,...m$$

Matrizes notáveis

São muito utilizadas, nomeadamente na Análise IO matrizes que têm o mesmo número de linhas e de colunas, ou seja em que n=m. São as chamadas *matrizes quadradas*. Se tiver n linhas (e portanto o mesmo número n de colunas) designa-se como *matriz quadrada de ordem n*.

Por exemplo, a matriz **A** dos coeficientes técnicos que temos vindo a tratar desde o capítulo 2 é um exemplo de uma matriz quadrada.

Uma matriz que não é quadrada diz-se *retangular*.

Numa matriz quadrada de ordem n dá-se o nome de *diagonal principal* à sequência de elementos $(a_{11}, a_{22}, ... a_{nn})$ ou seja de elementos que estão no cruzamento de uma linha com a coluna que tem o mesmo número que a linha. Basta ver o quadro abaixo (onde os elementos da diagonal estão em negrito) para justificar o nome de diagonal, uma vez que é uma das diagonais do quadrado, *a principal*. A outra diagonal não tem relevância especial para a nossa análise.

$$\begin{bmatrix} \mathbf{a_{11}} & \cdots & a_{1n} \\ \vdots & \ddots & \vdots \\ a_{1n} & \cdots & \mathbf{a_{nn}} \end{bmatrix}$$

Uma *matriz diagonal* é aquela em que todos os elementos fora da diagonal principal são nulos.

Por exemplo, a matriz $\hat{\mathbf{v}}$ dos coeficientes de valor acrescentado, referida no capítulo 2, é um caso de matriz diagonal.

Se uma matriz diagonal tiver também os elementos da diagonal principal também nulos (ou seja se tiver todos os elementos nulos) é um caso de matriz nula, normalmente representada pelo símbolo **O**.

Em geral uma matriz **O**, seja quadrada ou retangular com todos os elementos nulos é chamada de matriz *nula*.

Se uma matriz diagonal tiver todos os elementos da diagonal principal iguais a 1, designa-se por *matriz identidade* e representa-se por **I** (quando não existir possibilidade de confusão, para simplificar a escrita não escrevemos a ordem n da matriz **I**. Se for necessário representar essa ordem, escrevemos o símbolo **I**(n)).

Ou seja, em termos de quadro uma matriz identidade de ordem n será

$$I = \begin{bmatrix} 1 & \cdots & 0 \\ \vdots & \ddots & \vdots \\ 0 & \cdots & 1 \end{bmatrix}$$

Ou, de forma abreviada $I = \{\delta_{ij}\}$, em que $\delta_{ij} = 0$ se i≠j e $\delta_{ij}=1$ se i=j

São também notáveis as matrizes que têm apenas uma linha ou apenas uma coluna, ou seja em que n=1 ou m=1.

Quando n=1 a matriz pode representar-se por $[a_{11} \ldots a_{1m}]$ e também se designa por *veto*r *linha*. Os elementos de uma matriz que é um vetor linha ou coluna são muitas vezes chamados de *componentes* desse vetor. Um vetor linha notável é aquele em que:

$a_{11} = \ldots = a_{1m} = 1$, ou seja tem todas as componentes iguais à unidade, e designa-se habitualmente por **u** (de vetor **u**nitário).

Quando m=1, a matriz pode representar-se por:

$$\begin{bmatrix} a_{11} \\ \ldots \\ a_{n1} \end{bmatrix}$$

E designa-se também por *vetor coluna*.

Finalmente definimos a *igualdade* entre matrizes. As matrizes **A** e **B** são iguais, **A** = **B**, se **A** e **B** têm o mesmo número de linhas e colunas e se para cada par i,j se tem $a_{ij} = b_{ij}$

A utilidade do cálculo matricial resulta diretamente das relações operações que podemos definir envolvendo matrizes. É esse o objeto da secção seguinte.

Relações e operações entre matrizes.

1. Transposição

A transposição de uma matriz é uma operação que a partir da matriz $A_{(nxm)}$ constrói, através de troca de linhas por colunas uma matriz designada por A^T

(T de "transposta") de mxn designada por *matriz transposta* de **A**. A troca de linhas por colunas significa que a primeira linha passa a ser a primeira coluna e por aí fora e que a primeira coluna passa a ser a primeira linha e por aí fora.

Ou seja se a_{ij} é o elemento da linha i e da coluna j da matriz **A** (i=1,...n j=1,...m) e se a^T_{ji} é o elemento da linha j e da coluna i de **A**^{T} então $a^T_{ji} = a_{ij}$

Exemplo: seja a matriz **A** (2×3) seguinte

$$\mathbf{A} = \begin{bmatrix} 1 & 2 & 4 \\ -7 & 0 & 5 \end{bmatrix}$$

A matriz transposta é uma matriz 3×2, ou seja

$$\mathbf{A}^T = \begin{bmatrix} 1 & -7 \\ 2 & 0 \\ 4 & 5 \end{bmatrix}$$

Prova-se facilmente que $(\mathbf{A}^T)^T = \mathbf{A}$, ou seja, que a matriz transposta da transposta de uma dada matriz **A** é a própria matriz **A** (*Sugestão: prove este resultado*).

Uma matriz **A** quadrada tal que $\mathbf{A}^T = \mathbf{A}$ é chamada de *matriz simétrica*.

Qualquer matriz diagonal, inclusive a matriz identidade, é simétrica (*sugestão: prove*).

Note-se também que um vetor linha é o transposto de um vetor coluna e inversamente.

Relativamente aos vetores, fazemos a seguinte convenção, já utilizada desde o capítulo 2:

Convenção. Quando se falar de um vetor sem mais nada, subentende-se que se trata de um vetor coluna, que tanto se poderá representar como:

$\begin{bmatrix} a_{11} \\ ... \\ a_{n1} \end{bmatrix}$ ou, o que é rigorosamente equivalente, como $[a_{11}, ...a_{1n}]^T$.

Os vetores linhas representam-se por $[a_{11}, ...a_{1n}]$.

Um vector, notável é o vetor u em que todas as componentes são iguais à unidade, ou seja

$\mathbf{u} \equiv [1, ...1]^T$.

2. *Relações de ordem entre matrizes*

Dadas duas matrizes **A** e **B** com o mesmo número de linhas e o mesmo número de colunas, define-se a seguinte relação de ordem (trata-se de uma ordem parcial, não tem que se verificar para todos os pares de matrizes com o mesmo número de linhas e o mesmo número de colunas):

$\mathbf{A} \geq \mathbf{B}$ ($\mathbf{A} \leq \mathbf{B}$) se e só se para cada par (i,j) se tem $a_{ij} \geq b_{ij}$ ($a_{ij} \leq b_{ij}$) podendo ser $\mathbf{A} = \mathbf{B}$. Se se verificarem estas relações de desigualdade entre os elementos das duas matrizes mas $\mathbf{A}$ for diferente de $\mathbf{B}$ tal será expressamente referido.

Uma matriz A é *positiva* se para cada par (i,j) $a_{ij} > 0$. Uma matriz $\mathbf{A}$ é *não negativa* se para cada par (i,j) se tem $a_{ij} \geq 0$, ou seja se $\mathbf{A} \geq \mathbf{O}$. Uma matriz é *estritamente não negativa* se for não negativa mas diferente da matriz nula.

As matrizes de coeficientes técnicos $\mathbf{A}$ são, em geral, estritamente não negativas mas podem também ser positivas se forem muito agregadas, ou seja se forem estabelecidas para um pequeno número de grandes sectores produtivos.

3. Multiplicação de uma matriz por um número real

Seja λ um número real qualquer. Então a matriz produto de λ por $\mathbf{A}$, em que $\mathbf{A}$ é uma matriz qualquer, é a matriz $\lambda\mathbf{A} = \{\lambda a_{ij}\}$ ou seja, é a matriz que se obtém multiplicando todos os elementos de $\mathbf{A}$ por λ.

O produto de uma matriz diagonal por um número qualquer é uma matriz diagonal. O produto por 0 de qualquer matriz é uma matriz nula.

4. Adição de matrizes

Sejam duas matrizes $\mathbf{A}$ e $\mathbf{B}$, com o mesmo número n de linhas e o mesmo número m de colunas.

Então o resultado da adição de $\mathbf{A}$ e $\mathbf{B}$, ou seja a *matriz soma* de $\mathbf{A}$ e $\mathbf{B}$, designada por $\mathbf{A}+\mathbf{B}$, é a matriz:

$\mathbf{C} \equiv \mathbf{A}+\mathbf{B}$ com o mesmo número de linhas n e o mesmo número de colunas m, tal que para cada par (i,j) $c_{ij} = a_{ij} + b_{ij}$.

Tal como na adição entre números, a adição de matrizes é comutativa, ou seja $\mathbf{A}+\mathbf{B} = \mathbf{B}+\mathbf{A}$ e associativa $(\mathbf{A}+\mathbf{B})+\mathbf{D} = \mathbf{A}+(\mathbf{B}+\mathbf{D})$.

Obviamente, $\lambda(\mathbf{A}+\mathbf{B}) = \lambda\mathbf{A} + \lambda\mathbf{B}$ e $\mathbf{A}+\mathbf{O} = \mathbf{O}+\mathbf{A} = \mathbf{A}$, onde $\mathbf{O}$ é a matriz nula com o mesmo número de linhas e colunas de $\mathbf{A}$.

Pode ainda definir-se uma subtração de matrizes da seguinte forma:

Dadas duas matrizes $\mathbf{A}$ e $\mathbf{B}$ com o mesmo número de linhas e o mesmo número de colunas define-se a *matriz diferença* $\mathbf{A}-\mathbf{B}$ da seguinte forma

$\mathbf{A}-\mathbf{B} \equiv \mathbf{A} + (-1)\mathbf{B}$.

Claro que $A\text{-}B = O$ se e só se $A=B$. Por outro lado, $(\text{-}1)(B\text{-}A) = A\text{-}B$.

A adição de matrizes é uma generalização direta da adição entre números. Mas tal já não é o caso da multiplicação de matrizes. Um erro muito comum resulta do esquecimento de que se trata de conceitos diferentes. Daí o alertar-se enfaticamente o Leitor para não confundir as propriedades da multiplicação de matrizes com as da multiplicação de números.

5. *Multiplicação de matrizes*

Seja A uma matriz nxm e B uma matriz mxk, ou seja uma matriz que tem o mesmo número de linhas que o número de colunas de A. Só para matrizes A e B *que verificam esta condição é que se define a multiplicação*. Repare-se que é uma condição diferente da que se exige para adicionar duas matrizes.

Com duas matrizes A e B satisfazendo esta condição a multiplicação de A por B é a matriz produto $C \equiv A.B$ em que C tem n linhas e k colunas e em que para cada par (i,j) se tem os elementos de C dados pela expressão

$$c_{ij} = \Sigma_{k=1}^{m}\, a_{ik}b_{kj}\,.$$

Ou seja, a multiplicação faz-se multiplicando cada par homólogo de cada linha de A e de cada coluna de B (daí o número de colunas de A ter de ser igual ao número de linhas de B) e adicionando os produtos desses pares homólogos.

Seja, por exemplo o elemento c_{12}. Vem $c_{12} = a_{11}b_{12} + a_{12}b_{22} + \dots + a_{1m}b_{m2}$.

Exemplo numérico

$$\text{Seja } A = \begin{bmatrix} 1 & 2 & 4 \\ -7 & 0 & 5 \end{bmatrix} \text{ e}$$

$$B = \begin{bmatrix} 3 & 6 & 9 \\ 1 & 1 & 5 \\ 0 & 0 & 2 \end{bmatrix}$$

Como A tem 3 colunas e B três linhas podemos efetuar a multiplicação e C será uma matriz (2x3), com os seguintes elementos:

$c_{11} = 1x3 + 2x1 + 4\ x0 = 5$ $\quad c_{12} = 1x6 + 2x1 + 4x0 = 8$ $\quad c_{13} = 1x9 + 2x5 + 4x2 = 27$

$c_{21} = \text{-}7x3 + 0x1 + 5x0 = \text{-}\ 21$ $\quad c_{22} = \text{-}7x6 + 0x1 + 5x0 = \text{-}42$ $\quad c_{23} = \text{-}7x9 + 0x5 + 5x2 = \text{-}53$

Outro exemplo, mas agora teórico:

No modelo IO temos $x = Ax + y$, em que cada componente de x, x_i é igual à soma dos fornecimentos intermédios do sector i mais os forneci-

APÊNDICE MATEMÁTICO

mentos para procura final. Vamos verificar que é assim de facto, calculando o produto $\mathbf{Ax}$.

Como $\mathbf{A}$ é um matriz quadrada de ordem n, ou seja é $(n \times n)$ e $\mathbf{x}$ um vetor coluna, ou seja é $n \times 1$, pode efetuar-se a multiplicação e o resultado será uma matriz $n \times 1$ ou seja, também um vetor coluna.

Verifiquemos o cálculo de una componente, por exemplo a componente i do produto $\mathbf{Ax}$.

Tem-se por definição de produto de matrizes que a componente i de $\mathbf{Ax}$ é dada por $\sum_j a_{ij} x_j$ (a multiplicação é simplificada pelo facto de $\mathbf{x}$ só ter uma coluna).

Como por definição de coeficiente técnico a_{ij} se tem $a_{ij} x_j = x_{ij}$ então a componente i de $\mathbf{Ax}$ é o somatório $\sum_j x_{ij}$ ou seja, é o total dos fornecimentos intermédios do sector i, como se queria verificar. Por outro lado como $\mathbf{Ax}$ é um vetor coluna, podemos efetuar a soma $\mathbf{Ax} + \mathbf{y}$, uma vez que $\mathbf{y}$ também é um vetor coluna ou seja, tem o mesmo número de linhas e o mesmo número de colunas de $\mathbf{Ax}$, condição imprescindível para se efetuar a adição.

Somando $\mathbf{Ax}$ com $\mathbf{y}$ obtemos também um vetor coluna que é $\mathbf{x}$.

Algumas propriedades da multiplicação de matrizes

a) Se $\mathbf{A}$ e $\mathbf{B}$ se podem multiplicar (ou seja se o número de colunas de $\mathbf{A}$ for igual ao número de linhas de $\mathbf{B}$), então não é sempre possível multiplicar $\mathbf{B}$ por $\mathbf{A}$. Tal só será possível se o número (k) de colunas de $\mathbf{B}$ for igual ao número (n) de linhas de $\mathbf{A}$.

Por outro lado, mesmo que seja possível efetuar o produto $\mathbf{B}.\mathbf{A}$ em geral, ou seja, salvo casos muito particulares, tem-se $\mathbf{A}.\mathbf{B} \neq \mathbf{B}.\mathbf{A}$, o que significa que, ao contrário do que sucede com a multiplicação de números reais, a multiplicação de matrizes não é comutativa.

b) face ao que é dito na alínea anterior, é sempre possível efetuar o produto de $\mathbf{A}$ pela sua transposta $\mathbf{A}^T$ e o resultado é uma matriz quadrada de ordem n, ou seja de ordem igual ao número de linhas de $\mathbf{A}$ (*sugestão: verifique o resultado*).

Por outro lado, sendo $\mathbf{A}$ uma matriz quadrada é sempre possível multiplicá-la por si própria. Designaremos por $\mathbf{A}^n$ o produto da multiplicação da matriz $\mathbf{A}$ por si própria efetuada n-1 vezes.

O produto de uma matriz diagonal por outra matriz diagonal da mesma ordem é uma matriz diagonal cujos elementos da diagonal principal são os produtos dos elementos homólogos das diagonais principais de cada uma das matrizes (*sugestão: verifique*).

c) prova-se que $(\mathbf{A}.\mathbf{B})^T = \mathbf{B}^T\mathbf{A}^T$, ou seja, a transposta da matriz produto é igual à matriz produto das transpostas das matrizes fatores (*sugestão: verifique que é possível realizar o produto* $\mathbf{B}^T\mathbf{A}^T$)

d) dado o resultado anterior, para qualquer matriz $\mathbf{A}$ tem-se que a matriz produto $\mathbf{A}.\mathbf{A}^T$ é uma matriz quadrada e simétrica.

Com efeito, pelo resultado anterior tem-se $\mathbf{A}.\mathbf{A}^T = [(\mathbf{A}^T)^T.\mathbf{A}^T]^T = (\mathbf{A}.\mathbf{A}^T)^T$, por ser sempre, como se viu acima $(\mathbf{A}^T)^T = \mathbf{A}$. Então $\mathbf{A}.\mathbf{A}^T = (\mathbf{A}.\mathbf{A}^T)^T$. Logo, por definição de matriz simétrica, $\mathbf{A}.\mathbf{A}^T$, é uma matriz simétrica.

e) A matriz produto de um vetor linha de n componentes por um vetor coluna de n elementos é um número real, não uma matriz. O produto de um vetor coluna de n componentes por um vetor linha de n componentes é uma matriz quadrada de ordem n (*sugestão: verifique*).

f) a multiplicação de matrizes, não sendo comutativa é, contudo, asso-ciativa, ou seja,

$\mathbf{A}.(\mathbf{B}.\mathbf{C}) = (\mathbf{A}.\mathbf{B}).\mathbf{C}$.

Por outro lado, verifica-se a propriedade distributiva em relação à adição, isto é,

$\mathbf{A}(\mathbf{B} + \mathbf{C}) = \mathbf{A}.\mathbf{B} + \mathbf{A}.\mathbf{C}$.

Em relação à multiplicação por um número λ tem-se $\lambda(\mathbf{A}.\mathbf{B}) = \mathbf{A}.(\lambda\mathbf{B})$.

g) Sendo $\mathbf{A}$ uma matriz $(n \times m)$, então $\mathbf{A}.\mathbf{I}_{(m)} = \mathbf{A}$ onde $\mathbf{I}$ é a matriz identi-dade de ordem m. Tem-se também $\mathbf{I}_{(n)}.\mathbf{A} = \mathbf{A}$. Tem-se ainda $\mathbf{A}.\mathbf{O}_{(m \times k)} = \mathbf{O}_{(n \times k)}$ quando $\mathbf{O}$ é uma matriz nula, ou seja de elementos todos nulos e $\mathbf{O}_{(k \times n)}.\mathbf{A}_{(n \times m)} = \mathbf{O}_{(k \times m)}$ (*sugestão: verifique*).

A multiplicação de matrizes permite-nos definir a operação de inversão de matrizes que é das mais importantes do cálculo matricial e talvez o mais importante para a Análise IO.

6. Inversão de matrizes

A inversão de matrizes só é definida para matrizes quadradas. Existe uma aproximação desta operação, a chamada inversão generalizada que se pode aplicar a matrizes retangulares, mas que não necessitaremos neste manual.

Seja **A** uma matriz quadrada de ordem n.

Se existir uma matriz **B** quadrada da mesma ordem n tal que **A.B** = **B.A** = **I** então **B** é a matriz inversa de **A** e representa-se por $\mathbf{A}^{-1}$. A inversa, se existir, é única (*sugestão: verifique*).

Infelizmente nem todas as matrizes quadradas têm inversa. No entanto, sabemos como determinar se uma dada matriz quadrada tem inversa. Basta calcular o *determinante* dessa matriz. O determinante é uma grandeza que se obtém somando algebricamente produtos de elementos da matriz de uma forma que não necessitamos aqui de detalhar. Não tem, pois, qualquer dificuldade teórica o cálculo do determinante, pois reduz-se à soma e multiplicação de números. No passado, existia um problema prático que derivava da limitação da capacidade de realizar grandes volumes de cálculo numérico. Com o aumento da capacidade dos computadores atuais, mesmo esse problema desapareceu inteiramente, pelo menos no que respeita à dimensão das matrizes que são geralmente utilizadas em modelos input-output.

Calculado o valor do determinante, se esse valor for diferente de 0 a matriz tem inversa se for igual a zero a matriz não tem inversa.

Uma matriz que não tem inversa diz-se *singular*.

Em alguns casos muito específicos pode imediatamente dizer-se se uma matriz tem inversa.

Por exemplo, se uma matriz tem pelo menos uma linha (ou coluna) só de zeros então é singular. Também é singular se tiver duas linhas (ou duas colunas) iguais entre si. Como o determinante do produto de duas matrizes quadradas da mesma ordem é igual ao produto dos determinantes das matrizes, se uma delas for singular, então a matriz produto é singular. Ou seja, se **A** (ou **B**) for singular, então **A.B** é singular, mesmo que a outra matriz não o seja.

Pode pôr-se agora a questão. E a matriz **I-A** em que **A** é matriz dos coeficientes técnicos, é ou não singular? No capítulo 2 admitimos que **I-A** tinha inversa e até designámos essa inversa por **B**, matriz inversa de Leontief. Haverá alguma base para tal? A resposta é afirmativa embora não 100% conclusiva. Vamos ver como.

Prova-se (não descreveremos aqui a demonstração deste resultado, que não teria interesse direto para os nossos propósitos) que se para todos os sectores i se tiver $1 \geq \sum_j a_{ji}$ com pelo menos um sector k em que a desigualdade é estrita, ou seja em que $1 > \sum_j a_{jk}$ então existe a inversa de $(\mathbf{I}\text{-}\mathbf{A})$.

Como sabemos da definição de coeficiente de valor acrescentado (capítulo 2) as condições $1 \geq \sum_j a_{ji}$ e $1 > \sum_j a_{jk}$ significam que se está a admitir que todos os coeficientes de valor acrescentado (e portanto os valores acrescentados gerados) são não-negativos e que pelo menos um é positivo. Podemos dizer que na esmagadora maioria das economias tal acontece efetivamente. Por isso respondemos afirmativamente à questão da existência da inversa de Leontief. Mas não podemos estar 100% seguros, porque existem situações muito excecionais em que num ou noutro sector se geram valores acrescentados negativos (pode acontecer quando os prejuízos gerados num sector são superiores ao montante pago de salários). Mas são situações de tal forma excecionais que as arredamos e por isso admitimos que a inversa de Leontief existe sempre.

Um resultado importante, pela sua interpretação económica, que foi utilizado no capítulo 9, é a seguinte igualdade que se verifica para matrizes $\mathbf{A}$ tais que $(\mathbf{I}\text{-}\mathbf{A})^{-1}$ existe:

$$\mathbf{I} + \mathbf{A} + \mathbf{A}^2 +...+ \mathbf{A}^n +... = (\mathbf{I}\text{-}\mathbf{A})^{-1}$$

É fácil de verificar que esta igualdade é válida. Calculemos o produto:

$$(\mathbf{I} + \mathbf{A} + \mathbf{A}^2 +...+ \mathbf{A}^n +...)(\mathbf{I}\text{-}\mathbf{A}).$$

Desenvolvendo vem

$$(\mathbf{I} + \mathbf{A} + \mathbf{A}^2 +...+ \mathbf{A}^n +...)(\mathbf{I}\text{-}\mathbf{A}) = \mathbf{I} +(\mathbf{A}\text{-}\mathbf{A})+ (\mathbf{A}^2 -\mathbf{A}^2)+...+ (\mathbf{A}^n - \mathbf{A}^n)+... = \mathbf{I}$$

Então, por definição de inversa $(\mathbf{I} +\mathbf{A}+ \mathbf{A}^2 +...+ \mathbf{A}^n +...)$ é a inversa de $(\mathbf{I}\text{-}\mathbf{A})$ como se queria provar.

Note-se que para a soma infinita $(\mathbf{I} +\mathbf{A}+ \mathbf{A}^2 +...+ \mathbf{A}^n +...)$ existir é necessário que $\mathbf{A}^n \rightarrow \mathbf{O}$ quando $n \rightarrow \infty$, o que sucede, por exemplo, quando $1 > \sum_j a_{ji}$ para todos os sectores i, o que como vimos no capítulo é uma condição normalmente verificada pelas matrizes de coeficientes técnicos.

Olhemos agora para a interpretação económica.

Conforme sabemos (capítulo 2), o vetor $\mathbf{x} = (\mathbf{I}\text{-}\mathbf{A})^{-1}\mathbf{y}$ dá-nos a produção necessária para satisfazer a procura final $\mathbf{y}$.

Porém, cada sector produtivo não conhece todo o vetor $\mathbf{y}$ mas apenas a sua componente y_i.

APÊNDICE MATEMÁTICO

Assim, confrontados com uma procura final **y** os sectores produtivos decidem num primeiro tempo produzir **y**. Mas verificam depois que produzir **y** não chega, pois é necessário produzir os inputs necessários para produzir **y**, Ou seja têm de produzir mais **Ay**. Mas, de novo, produzir mais **Ay** não chega, pois é necessário produzir mais inputs para permitir produzir o adicional **Ay**, ou seja é preciso produzir mais $\mathbf{A(Ay)} = \mathbf{A^2y}$. Então têm de produzir $\mathbf{y + Ay + A^2y}$. Mas isto ainda não chega. O processo continua em novo ciclo de determinação acréscimo de inputs a produzir e em última análise para satisfazer **y** têm de produzir

$$\mathbf{y + Ay + A^2y + ... + ... A^ny + ...}$$

Então pelo teorema anterior

$$\mathbf{y + Ay + A^2y + ... + ... A^ny + ... = (I + A + A^2 + ... A^n + ...)y = (I-A)^{-1}Y}$$

Que é justamente o resultado que obtivemos no capítulo 2.

Ou seja o ajustamento dos produtores ao vetor da procura final nunca pode ser feito na totalidade porque exigiria infinitos ciclos de determinação dos inputs necessários. Isto sucede se nenhum produtor conhece a matriz **A** na totalidade nem o vetor **y** na totalidade, porque se conhecesse bastaria calcular o valor $\mathbf{(I-A)^{-1}y}$.

O processo, porém, em geral converge rapidamente pelo que ao fim de dois ou três ciclos já se estará próximo do valor **x** necessário. No entanto, não esqueçamos que numa economia real, o sistema de ajustamento entre procura e oferta de inputs não é planeado por ninguém mas procede apenas em resposta à informação contínua que as produções oferecidas não são suficientes. Ou seja, não há verdadeiramente tempo, mesmo que o processo convirja rapidamente, de determinar de forma iterativa o que é necessário produzir antes de ter de começar efetivamente a produzir.

Este resultado ilustra a dificuldade que um sistema descentralizado de decidir a produção a realizar, nomeadamente o sistema de uma economia de mercado, enfrenta para ajustar a oferta à procura. É necessário que a informação sobre excesso ou insuficiência da oferta dos diversos bens, que é providenciada pelos preços funcione rapidamente e de forma flexível, o que sabemos que muitas vezes não é o caso.

A matriz inversa $\mathbf{(I-A)^{-1}}$ permite-nos lidar com a complexidade das relações intersectoriais de uma forma que as nossas mentes, sem essa ajuda, não conseguiriam. Resume também uma soma de infinitas adições que, como se viu, podem ser interpretadas cada uma delas como ciclos de fornecimentos de inputs necessários à produção que satisfaça uma dada procura final. Por isso dissemos acima que a matriz inversa é certamente dos mais importantes conceitos matemáticos para a Análise IO. Resume em si toda a complexidade do sistema, pelo menos na medida em que consideramos a complexidade como decorrente da inter-relação entre os sectores produtivos.

Mais resultados da inversão de matrizes

a) Para qualquer matriz quadrada $\mathbf{A}$ não singular tem-se
$(\mathbf{A}^{-1})^{T} = (\mathbf{A}^{T})^{-1}$, ou seja a transposta da inversa é a inversa da transposta e também $(\mathbf{A}^{-1})^{-1} = \mathbf{A}$, ou seja a inversa da inversa da matriz $\mathbf{A}$ é a própria matriz $\mathbf{A}$.

b) Sendo $\mathbf{A}$ e $\mathbf{B}$ duas matrizes quadradas da mesma ordem e não singulares tem-se
$(\mathbf{A}.\mathbf{B})^{-1} = \mathbf{B}^{-1}.\mathbf{A}^{-1}$

que é um resultado semelhante ao que se obteve para a operação de transposição (*sugestão: prove o resultado*).

c) Se $\mathbf{A}$ é não singular e λ é diferente de zero $(\lambda\mathbf{A})^{-1} = (1/\lambda)\mathbf{A}^{-1}$

d) Prova-se (dispensamos a transcrição da demonstração) que se
$\mathbf{A} \geq \mathbf{B} \geq \mathbf{O}$ sendo $\mathbf{A}$, $\mathbf{B}$ e $\mathbf{O}$ matrizes quadradas da mesma ordem, com $\mathbf{A}$ e $\mathbf{B}$ matrizes de coeficientes técnicos, com coeficientes de valor acrescentado positivos e $\mathbf{B}$ (e portanto também $\mathbf{A}$) diferente de $\mathbf{O}$ tem-se
$(\mathbf{I}\text{-}\mathbf{A})^{-1} \geq (\mathbf{I}\text{-}\mathbf{B})^{-1} \geq \mathbf{O}$, em que $(\mathbf{I}\text{-}\mathbf{B})^{-1}$ é diferente de $\mathbf{O}$.

O que tem uma consequência económica importante: é que quanto mais densa for a malha industrial, ou seja quanto maiores forem os coeficientes técnicos de uma matriz $\mathbf{A}$ da tecnologia da economia tanto maiores serão os multiplicadores (ou seja os elementos da inversa de Leontief, ver capítulo 2) e portanto tanto maiores serão os efeitos diretos e indiretos na economia causados por um aumento da procura final.

Partição em blocos

Por vezes (ver capítulo 5) pode ser útil considerar uma matriz partida em blocos, ou seja, em submatrizes.

Por exemplo, seja o caso de uma matriz $\mathbf{A}$ quadrada nxn.

Se formar uma submatriz de $\mathbf{A}$ quadrada das primeiras m linhas e as primeiras m colunas então posso representar a matriz $\mathbf{A}$ como sendo constituída por quatro submatrizes ou blocos: uma submatriz quadrada com que tem como elementos os das primeiras m linhas e das primeiras m colunas, uma submatriz rectangular formada pelos elementos que pertencem às m primeiras linhas e às n-m restantes colunas, uma submatriz rectangular formada pelos elementos que pertencem às restantes n-m linhas e às primeiras m colunas e finalmente uma outra submatriz quadrada formada pelos elementos que pertencem às n-m restantes linhas às n-m restantes colunas.

Ou seja sendo $\mathbf{A}$ (n ×n) pode representar-se em blocos de submatrizes

$\mathbf{A} = \begin{bmatrix} \mathbf{A}_1 & \mathbf{A}_2 \\ \mathbf{A}_3 & \mathbf{A}_4 \end{bmatrix}$ onde $\mathbf{A}_1$ é uma matriz quadrada (m × m), $\mathbf{A}_2$ é uma matriz (m × n-m), $\mathbf{A}_3$ é uma matriz (n-m × m) e $\mathbf{A}_4$ é uma matriz quadrada (n-m × n-m).

A adição de matrizes pode fazer-se em blocos. Se $\mathbf{A}$ for uma matriz nxn dividida em blocos $\mathbf{A}_i$ (k×l) e se $\mathbf{B}$ for uma matriz da mesma ordem dividida em blocos $\mathbf{B}_i$ (k×l) correspondentes à mesma ordenação de linhas e colunas dos $\mathbf{A}_i$ então a matriz

$\mathbf{C} = \mathbf{A} + \mathbf{B}$ pode ser obtida como sendo uma matriz dividida em blocos $\mathbf{A}_i + \mathbf{B}_i$. Ou seja, para um caso simples

$$\mathbf{C} = \mathbf{A} + \mathbf{B} = \begin{bmatrix} \mathbf{A}_1 & \mathbf{A}_2 \\ \mathbf{A}_3 & \mathbf{A}_4 \end{bmatrix} + \begin{bmatrix} \mathbf{B}_1 & \mathbf{B}_2 \\ \mathbf{B}_3 & \mathbf{B}_4 \end{bmatrix} = \begin{bmatrix} \mathbf{A}_1 + \mathbf{B}_1 & \mathbf{A}_2 + \mathbf{B}_2 \\ \mathbf{A}_3 + \mathbf{B}_3 & \mathbf{A}_4 + \mathbf{B}_4 \end{bmatrix}$$

também se pode definir uma multiplicação por blocos, que se baseia multiplicação de matrizes de linhas por colunas. Vamos considerar

Se tivermos

$$\mathbf{A} = \begin{bmatrix} \mathbf{A}_1 & \mathbf{A}_2 \\ \mathbf{A}_3 & \mathbf{A}_4 \end{bmatrix} \text{ e } \mathbf{B} = \begin{bmatrix} \mathbf{B}_1 & \mathbf{B}_2 \\ \mathbf{B}_3 & \mathbf{B}_4 \end{bmatrix}$$

em que $\mathbf{A}_1$ é uma matriz quadrada (m × m), $\mathbf{A}_2$ é uma matriz (m × n-m), $\mathbf{A}_3$ é uma matriz (n-m × m) e $\mathbf{A}_4$ é uma matriz quadrada (n-m × n-m) e em que $\mathbf{B}_1$ é uma matriz quadrada (m × m), $\mathbf{B}_2$ é uma matriz (m × n-m), $\mathbf{B}_3$ é uma matriz (n-m × m) e $\mathbf{B}_4$ é uma matriz quadrada (n-m × n-m) temos a igualdade:

ANÁLISE INPUT-OUTPUT

$$\mathbf{A.B} = \begin{bmatrix} \mathbf{A_1B_1 + A_2B_3} & \mathbf{A_1B_2 + A_2B_4} \\ \mathbf{A_3B_1 + A_4B_3} & \mathbf{A_3B_2 + A_4B_4} \end{bmatrix}$$

Obtemos portanto o mesmo resultado se multiplicarmos **A** por **B** consoante a multiplicação que definimos anteriormente ou se fizermos a multiplicação por blocos.

Por outro lado, para uma matriz dividida em blocos pode também calcular-se uma inversa por blocos.

Note-se que as operações por blocos não se restringem às matrizes quadradas. Apenas exemplificámos com estas matrizes devido à sua utilização comum em análise IO. Por outro lado, pode-se considerar uma matriz dividida em muitos mais blocos do que os quatro que aqui considerámos. Não fomos além deste número por uma questão de mera simplicidade de exposição. As regras de operação são facilmente generalizáveis para mais blocos.

REFERÊNCIAS BIBLIOGRÁFICAS

Amaral, J. F. (1991), *Curso Avançado de Análise Económica Multi-sectorial*. Lisboa.

Amaral, J. F. (2014), Desperdício e economia de serviços, *Boletim de Ciências Económicas* vol LVII Tomo I Coimbra.

Amaral, J.F. and J. C. Lopes (2017), Forecasting Errors by the Troika in the Economic Adjustment Programme for Portugal, *Cambridge Journal of Economics*, 41(1), 1021-1041.

CCRN/MPAT (1995), *Quadro de Entradas e Saídas para a Região do Norte 1990: matriz de input-output*. Ministério de Planeamento e da Administração do Território – Comissão de Coordenação da Região Norte.

CIDER/CCRAlgarve (2001), *Quadro de Entradas e Saídas para a Região do Algarve 1994: Matriz Input-Output*. Centro de Investigação de Desenvolvimento e Economia Regional – Universidade do Algarve e Comissão de Coordenação da Região do Algarve.

Cruz, L. e E. Barata (2007), Estrutura económica, intensidade energética e emissões de CO_2: Uma abordagem Input-Output, ESTUDOS DO GEMF N.º 8, Universidade de Coimbra.

Dietzenbacher, E. (1997), In vindication of the Ghosh Model: A Reinterpretation as a Price Model, *Journal of Regional Science*, 37, 629-651.

Dietzenbacher, E. and B. Los (1998), Structural Decomposition Techniques: Sense and Sensitivity, *Economic Systems Research*, 10, 307-323.

Eurostat (2008), *European Manual of Supply, Use and Input–Output Tables*. Methodologies and Working Papers. Luxembourg, Office for Official Publications of the European Communities.

Ghosh, A. (1958), Input-Output Approach to an Allocation System, *Economica*, 25, 58-64.

He, S. and K. Polenske (2001), Interregional Trade, the Hecksher-Ohlin-Vanek Theorem and the Leontief Paradox, in Michael Lahr and Erik Dietzenbacher (eds.), *Input-Output Analysis: Frontiers and Extensions*, London: Palgrave, 161-186.

Hirschman, A.O. (1958), *The Strategy of Economic Development*, New Haven, CT: Yale University Press.

Hosoe, N., K. Gasawa and H. Hashimoto (2015), *Textbook of Computable General Equilibrium Modeling: Programming and Simulations*, Palgrave Macmillan UK.

Hummels, D., Ishii, J. and Yi, K.-M. (2001), The nature and growth of vertical specialization in world trade, *Journal of International Economics*, 54(1), 75–96.

IPCC (2006), 2006 IPCC Guidelines for National Greenhouse Gas Inventories, Prepared by the National Greenhouse Inventory Programme, Eggleston H.S., Buendia L., Miwa K., NgaraT. e Tanabe K. (eds)., IGES, Japan.

ISEG/CIRIUS (2004), Sistema de Matrizes Regionais de *Input-output* para a Região Autónoma dos Açores - Relatório Metodológico e Resultados, Subsecretaria Regional do Planeamento e Assuntos Europeus, Direcção Regional de Estudos e Planeamento.

Jesus, M. M. (1993), *Metodologia Input-output aplicada à Economia Algarvia*. Dissertação para obtenção do grau de mestre em Economia pelo Instituto Superior de Economia e Gestão da Universidade Técnica de Lisboa.

Keuning, S. J. (1996): Accounting for Economic Development and Social Change, Amsterdam, Oxford, Tokio, Washington DC.

Lahr, M. and L. de Mesnard (2004), Biproportional Techniques in Input--Output Analysis: Table Updating and Structural Analysis, *Economic Systems Research*, 16, 115-134.

Leontief, W. (1936), Quantitative Input and Output Relations in the Economic System of the United States, *Review of Economic Statistics*, 18, 105-125.

Leontief, W. (1941), *The Structure of American Economy, 1919–1929: An Empirical Application of Equilibrium Analysis*, Cambridge, UK, Cambridge University Press.

Leontief, W. (1953), Domestic Production and Foreign Trade: the American Capital Position Re-examined", *Proceedings of the American Philosophical Society*, 97, 332-349.

Leontief, W. (1970), Environment Repercussions and the Economic Structure: An Input-Output Approach, *Review of Economics and Statistics*, 52, 262-271.

Lopes, A. S., A. Baptista e J. Lilaia (1983), O Quadro input-output da região algarvia, CISEP, Lisboa.

Lopes, A. S., J. Vareda, C. Coimbra e J. M. Barata (1986), Contribuições para a Análise da Economia Algarvia (ensaio apoiado sobre a matriz de relações

REFERÊNCIAS BIBLIOGRÁFICAS

inter-sectoriais do Algarve), *Algharb - Estudos Regionais*, Boletim da Comissão de Coordenação da Região do Algarve, n.º 3/4, pp. 13-36.

Lopes, J. C. and A. Santos (2016), Vertical Specialization, Global Value Chains and International Trade: the Rubber and Plastics Industry in Portugal and Comparison with Northern and Southern EU countries, *Regional and Sectoral Economic Studies*, 16(2), 15-28.

Martins, N. e V. Dionízio (1987), Matrizes de Input-Output segundo o novo sistema de contas nacionais. Banco de Fomento Nacional – Estudos.

Miller, R. and R. Blair (2009), *Input-Output Analysis: Foundations and Extensions*, Second edition. New York: Cambridge University Press.

Oosterhaven, J. (1996), Leontief versus Ghoshian Price and Quantity Models, *Southern Economic Journal*, 62, 750-759.

Pyatt, G. and E. Thorbecke, E. (1976), *Planning Techniques for a Better Future*, International Labour Office.

Pyatt, G. and J. I. Round (eds.) (1985): *Social Accounting Matrices, A Basis for Planning*, A World Bank Symposium, Washington, D.C.

Ramos, P., A. Sargento, E. Barata, L. Cruz e J.-P. Ferreira (2010), Deriving Input--Output Matrices for small regions: an application to two Portuguese regions (Cova da Beira and Pinhal Interior Sul), comunicação apresentada no 7º Workshop APDR, XXXVI Reunión de Estudos Regionales – AECR, Badajoz – Elvas, 17-19 noviembre.

Rasmussen, P. N. (1957), *Studies in Inter-sectoral Relations*, Amsterdam: North-Holland.

Reigado, M., C. V. Der Vegt e J. Wesseling (1990), Input-Output Table Beira Interior 1986, Universidade da Beira Interior.

Santos, S. (2007), Modelling economic circuit flows in a social accounting matrix framework. An application to Portugal," *Applied Economics*, 39(14), 1753-1771.

Santos, S. (2009), From the System of National Accounts (SNA) to a Social Accounting Matrix (SAM) Based Model. An Application to Portugal. Coimbra: Almedina.

Sargento, A. (2002), Matriz de Input-Output e Estimação do Comércio Inter--Regional, Dissertação para obtenção do grau de Mestre em Economia Aplicada, Faculdade de Economia da Universidade de Coimbra.

Stone, R. (1961), *Input-Output and National Accounts*, Paris: Organization for European Economic Cooperation.

United Nations (2017), *Handbook on Supply, Use and Input-Output Tables with Extensions and Applications*, Draft for Global Consultation, 4 August.